# PREDIQUE POR UN AÑO #6

# PREDIQUE POR UN AÑO #6

## 104 bosquejos de sermones
*Dos bosquejos completos para cada domingo del año*

# Roger Campbell

PORTAVOZ

Título del original: *Preach for a Year #6*, por Roger Campbell. © 2002 por Kregel Publications, Grand Rapids, Michigan 49501. Todos los derechos reservados.

Edición en castellano: *Predique por un año #6*. De la serie "Predique por un año". © 2005 por Editorial Portavoz, filial de Kregel Publications, Grand Rapids, Michigan 49501. Todos los derechos reservados.

Traducción: José Luis Martínez

EDITORIAL PORTAVOZ
P.O. Box 2607
Grand Rapids, Michigan 49501 USA

Visítenos en: www.portavoz.com

ISBN: 978-0-8254-1119-9

2 3 4 5 6 edición / año 11 10 09 08 07

*Impreso en los Estados Unidos de América*
*Printed in the United States of America*

## DEDICADO

Al pastor Donald Barsuhn, cuyo ministerio fiel
ha enriquecido las iglesias en las que ha ministrado.

# CONTENIDO

7

# Contenido 9

# INTRODUCCIÓN

¿Qué es la predicación?

Es enseñanza, pero es más que enseñanza.

Pablo predicó con pasión, a veces con lágrimas. Y si queremos que Dios aumente la eficacia de nuestra predicación, debemos hacer lo mismo.

Un joven predicador le preguntó una vez a Juan Wesley qué podía hacer para que acudiera más gente a su templo. Wesley respondió: "Arda y la gente irá a verle arder".

Juan Bunyan escribió: "Prediqué lo que sentía, lo que apasionadamente sentía".

Martín Lutero dijo: "Predico como si a Cristo lo hubieran crucificado ayer, como si hubiera resucitado hoy, y como si volviera a la tierra mañana".

La predicación necesita profundidad de pasión y de fe. Y los predicadores también necesitan a veces un poco de ayuda práctica. La respuesta a mis primeros cinco libros de "Predique por un año" me ha animado a escribir el sexto. Muchas cartas y llamadas de teléfono me han llegado de muchas partes cercanas y lejanas, hablándome de cómo Dios ha usado estos bosquejos de sermones expositivos y temáticos para ayudar a pastores muy ocupados a alimentar a sus ovejas y ganar a las almas perdidas. Este tomo de "Predique por un año # 6" contiene bosquejos que le habilitarán al pastor a proporcionar a sus oyentes la nutrición espiritual que necesitan para su crecimiento, madurez y testimonio.

Sin embargo, la eficacia de este libro será el resultado de pastores, siervos de Dios, que se niegan a permitir que estos bosquejos sean solo información organizada. Estos predicadores van a poner mucha oración y pasión en su proclamación y, por tanto, harán que sean suyos propios.

Todas las citas de Spurgeon están tomadas de *Daily Treasures in the Psalms* [Tesoros diarios en los Salmos] (Nashville: Nelson, 1997).

La última sección de este libro contiene cuatro sermones que son apropiados para "ocasiones especiales de predicadores", tales como instalaciones, ordenaciones, etc. Los exhortadores a veces también necesitan exhortación.

ROGER F. CAMPBELL

11

## NO TEMA EN ESTE AÑO

Génesis 15:1

**I. Introducción**
  *A. El temor arruinará el año a muchos*
    1. El temor es común en todos, la primera evidencia está en la caída (Gn. 3:10).
    2. Le roba a la vida el gozo y la aventura, trae pesimismo en vez de alegría.
  *B. Note el primer "No temas" de la Biblia*
    1. Se lo dijeron a Abram, el hombre de fe.
    2. El temor y la fe son opuestos; cuando la fe aumenta, el temor disminuye.
    3. Como Abram, a veces experimentamos temor después de una gran victoria.
  *C. Abram recibió una promesa para vencer sus temores*

**II. Cuerpo**
  *A. Note quién hace la promesa*
    1. Una promesa es solo tan buena como la persona que la hace.
    2. Esta promesa es de parte del Señor.
      a. Él es quien hizo el cielo y la tierra (Sal. 121:2).
      b. Él no puede mentir (Tit. 1:2).
      c. Él lo puede hacer todo, excepto fallar (Jer. 32:17; Lc. 1:37).
    3. Podemos descansar seguros en las promesas de Dios.
      a. Las promesas de Dios permanecen firmes cuando viene la dificultad.
      b. Deje que las promesas de Dios eliminen sus temores.
    4. Todos los problemas que enfrentemos este año están cubiertos por las promesas de Dios.
    5. Podemos entrar en el año con la confianza en la fidelidad de Dios.
  *B. Note la protección que acompaña a esta promesa*
    1. "Yo soy tu escudo".
    2. Moisés les dijo a los israelitas que habían sido salvados por el Señor, "escudo de tu socorro" (Dt. 33:29).
    3. David dijo que el Señor era su escudo.
      a. "Nuestra ayuda y nuestro escudo es él" (Sal. 33:20).
      b. "Porque sol y escudo es Jehová Dios" (Sal. 84:11).

4. "El cristiano todavía encuentra luz y protección en el
Señor su Dios, un sol para los días felices y un escudo
para los peligrosos" (Spurgeon).
5. La fe en Dios nos protege de los ataques de Satanás (Ef.
6:16).
6. Salomón dijo que Dios es un escudo para los que esperan
en Él (Pr. 30:5).
C. *Note las posibilidades que resultan de esta promesa*
1. "Yo soy... tu galardón será sobremanera grande".
2. Abram había rechazado las recompensas del rey de
Sodoma.
a. Abram con 318 siervos había rescatado a Lot y a otros
de Quedorlaomer (Gn. 14).
b. Podía haber recibido una gran recompensa por su
rescate pero la rechazó.
c. ¿Es que acaso ahora le estaba pesando no haberlo
hecho?
3. El Señor sería para Él una mayor recompensa de lo que
jamás podía haber pensado.
4. ¿Ve usted al Señor como su mayor recompensa, más
valiosa que cualquier ganancia humana?

**III. Conclusión**
A. *Dios viene a nosotros allí donde estamos y nos ofrece
salvación (Jn. 6:37)*
B. *La promesa de paz de Dios es para todos los que acuden a
Cristo (Mt. 11:28–30)*
C. *La promesa de protección divina la reciben todos los que
confían en Él (Is. 41:10)*
D. *El Señor mismo es la recompensa para todos los que creen
(Gn. 15:1)*

# SIN FE NO HAY FUTURO

*Génesis 15:1-6*

**I. Introducción**
  A. *El llamamiento de Abram iba acompañado de promesas*
    1. Recibió la promesa de una nueva tierra (Gn. 12:1).
    2. Recibió la promesa de que tendría muchos descendientes y sería una bendición (v. 2).
    3. Recibió la promesa de que él y su familia estarían protegidos de sus enemigos (v. 3).
  B. *Abram se puso en camino por fe en las promesas de Dios*
    1. Salió y empezó su gran aventura de fe.
    2. ¿Ha empezado usted la vida de fe recibiendo a Cristo como su Salvador?
    3. ¿Ha confiado su futuro en sus manos?
  C. *El futuro les pertenece a los que ponen su fe en Cristo Jesús*

**II. Cuerpo**
  A. *Note cómo la fe afecta a nuestra familia (vv. 1-3)*
    1. El llamamiento de Abram tenía que ver con familia (Gn. 12:1-3).
      a. Abram tenía que salir para Canaán con su familia.
      b. Él sería una bendición para todas las familias de la tierra.
    2. Dios está interesado en nuestras familias.
      a. Dios llamó a Noé y su familia a gozar la seguridad del arca (Gn. 7:1).
      b. La palabra de salvación para el carcelero filipense fue para él y su familia (Hch. 16:31).
    3. Abram luchó con la incredulidad en cuanto a tener descendencia (Gn. 15:3).
    4. Dios le prometió que la tendría; Pablo dijo que esta bendita descendencia era Cristo (Gá. 3:16).
    5. Nuestra fe en Cristo debiera ser un ejemplo para nuestras familias.
  B. *Note cómo la fe afecta nuestro futuro (vv. 4-5)*
    1. ¿Qué habría pasado si Abram no se hubiera atrevido a embarcarse en su aventura de fe?
      a. No hubiera habido promesas de bendiciones para él y su familia.
      b. Él se hubiera perdido la más grande aventura de la vida.
    2. La fe aseguró su futuro.
      a. Dios le guiaría a la Tierra Prometida.

15

b. Tendría descendientes que serían una bendición.

c. Su nombre sería grande y recordado... y así sucedió.

3. Considere el alcance de estas bendiciones (vv. 4-5).

   a. Tendría un hijo en su ancianidad.

   b. Sus descendientes serían tan numerosos como las estrellas del cielo.

C. *Note como la fe afectó su compañerismo con Dios (v. 6)*

1. La fe le llevó a una relación correcta con Dios.

   a. Él creyó a Dios y eso le fue contando por justicia.

   b. Abram, un pecador, fue justificado ante Dios por la fe.

2. ¡Qué grandes noticias son estas para usted y para mí!

   a. Todos somos pecadores (Ro. 3:10-23).

   b. Cristo murió por todos los pecadores (Ro. 3:25; 5:8).

   c. Como Abram, somos justificados por la fe (Ro. 4:1-5).

III. **Conclusión**

A. *¿Es usted un ejemplo de fe para su familia?*

B. *¿Le hace la fe estar seguro en cuanto a su futuro?*

C. *¿Tiene usted comunión con Dios por medio de la fe en Cristo?*

# MANTENIDO VIVO PARA LA MÁS GRANDE AVENTURA DE LA VIDA

*Josué 14:10-15*

I. **Introducción**
   A. *Caleb fue un espía optimista*
      1. Lo enviaron a explorar la Tierra Prometida.
      2. Fue uno de los doce espías enviados por Moisés (Nm. 13:6).
      3. Caleb regresó creyendo que Israel podía conquistar Canaán (Nm. 13:30).
   B. *Caleb fue el espía que sobrevivió a los que dudaron*
      1. Todos los demás espías murieron excepto Caleb y Josué.
      2. La fe y la acción positiva extienden la vida.
   C. *Caleb era un anciano durante su más grande aventura*

II. **Cuerpo**
   A. *Caleb había sido mantenido vivo para esta aventura (v. 10)*
      1. "Jehová me ha hecho vivir".
      2. Dios nos ha mantenido a nosotros vivos para la aventura de este nuevo año.
      3. Dios tiene un propósito para toda la vida para cada uno de nosotros.
      4. Los años habían preparado a Caleb para esta aventura.
         a. Ahora tenía más sabiduría que cuando era joven.
         b. Se había ganado más respeto de parte de su familia y amigos.
         c. Su fe había aumentado con los años.
         d. Estaba preparado para servir mucho mejor que antes.
      5. Demasiados se desaniman para las aventuras de la fe a causa de su edad.
      6. No permita que los años le priven de la más grande aventura de su vida.
   B. *Caleb tenía fortaleza para esta aventura*
      1. A los ochenta y cinco años se negó a creer que era demasiado débil para tener éxito.
         a. Se enfocó en la fortaleza más que en la debilidad.
         b. Algunos ancianos piensan solo en sus achaques.
         c. Caleb a sus ochenta y cinco pensaba en el gozo de la aventura.
      2. Vio que su fortaleza era suficiente para todo lo que estuviera por delante.
         a. Dijo que era tan fuerte a los ochenta y cinco años como lo había sido a los cuarenta y cinco.

**17**

b. Era lo suficientemente fuerte como para viajar a Canaán.

c. Lo suficientemente fuerte como para ir a la guerra y esperar la victoria.

3. Cristo nos provee de fuerzas para la lucha del día (Dt. 33:25; Fil. 4:13).

C. *Caleb creía que Dios le había equipado para esta aventura*

1. "Dame, pues, ahora este monte".

2. Dios nos ha equipado para todo lo que Él quiere que hagamos.

3. La edad nos trae nuevas aventuras.

   a. Los viajes nos pueden llevar a nuevas aventuras en nuevos lugares.

   b. Los problemas de salud nos pueden poner en contacto con personas necesitadas.

   c. La sabiduría nos capacita para ser mejores siervos de Dios.

   d. La comprensión nos proporciona más grande compasión para con los que están heridos.

**III. Conclusión**

A. *Llevar a cabo la voluntad de Dios es la más grande aventura de la vida*

1. La aventura comienza con la salvación por gracia (Ef. 2:8-9).

2. Dios tiene planeadas grandes aventuras para los que creen.

B. *¿Se ha rendido ya para la gran aventura de la vida?*

# EL LLAMAMIENTO DE DIOS

1 Corintios 1:26-31

I. **Introducción**
   A. *Dios llama a las personas*
      1. Llamó a Adán y Eva después de la caída.
      2. Llamó a Noé en una época de violencia.
      3. Llama a los personas hoy.
   B. *Dios llama a las personas a la salvación (Mt. 11:28-30)*
   C. *Dios llama a las persona a servir (Ro. 1:1)*
   D. *¿A quiénes llama Dios?*

II. **Cuerpo**
   A. *Dios llama a los insensatos (v. 27)*
      1. Llamó al insensato Zaqueo.
         a. Zaqueo había vivido solo para lo que podía acumular.
         b. Su meta principal en la vida era hacerse rico.
         c. Abusó de otros para beneficiarse él.
         d. Le pidieron que descendieran de un árbol sicómoro para ser salvo.
            (1) Zaqueo era corto de estatura, pero todos nos hemos quedado cortos para con Dios.
            (2) "Él aún se había empequeñecido más" (Ironside; véase Ro. 3:23).
      2. Dios llamó al insensato Jonás que trataba de huir de Él
         a. Muchos están todavía tratando de huir de Dios.
         b. Cuán torpe es pensar que podemos escaparnos del llamamiento de Dios.
      3. Él llamó a los insensatos a la sabiduría y la vida eterna.
   B. *Dios llama a los débiles (v. 27)*
      1. Llamó al hijo pródigo.
         a. Este hombre joven era tan débil que estaba fuera de control.
         b. Era tan débil que malgastó su herencia.
         c. Era tan débil que cedió a las malas amistades.
      2. Dios ha llamado a los débiles para hacer grandes obras.
         a. D. L. Moody no tenía un educación teológica formal pero llevó a muchos a Cristo.
         b. Mel Trotter fue un borracho, pero luego hizo grandes cosas para Dios.
      3. ¿Por qué llama y usa Dios a los que no son nada?
         a. Porque así muestra su poder para cambiar vidas.
         b. Para que los demás vean el milagro y acudan a Cristo.

C. *Dios llama a lo más bajo y menospreciado (v. 28)*
1. Llamó a la samaritana en el pozo para alcanzar a su pueblo.
   a. Ella había estado casada cinco veces y el esposo que ahora tenía no era su marido.
   b. Cristo le dio a beber el agua viva y sació su sed espiritual.
   c. Ella llevó a otros a Cristo y encontraron salvación.
2. Para asombro de los fariseos, llamó a prostitutas y leprosos.
3. Él sigue llamando a los marginados a la salvación debido a su amor.

III. **Conclusión**
A. *¿Ha pensando usted que se encontraba fuera del alcance del amor de Dios?*
B. *¿Ha pensado que sus pecados eran demasiado graves como para ser perdonados?*
C. *Dios le está llamando a la salvación y el servicio*
D. *¿Va a responder usted a su amoroso llamamiento?*

# UN MILAGRO CON UN MENSAJE

*Hechos 3:1-12*

## I. Introducción
A. *Note el primer milagro después de Pentecostés*
   1. El llamamiento de Cristo vino en Pentecostés (Hch. 1:4-8).
   2. El gran avivamiento empezó en Pentecostés (Hch. 2).
      a. El Espíritu Santo vino en Pentecostés (Hch. 2:1-4).
      b. Los apóstoles dieron testimonio en una lengua que todos entendían (Hch. 2:4-6).
      c. Tres mil se salvaron mediante el sermón de Pedro (Hch. 2:41).
B. *Fue algo más que un milagro*
   1. la curación del cojo fue un milagro con un mensaje.
   2. "Note como coincidieron el milagro y el mensaje" (Ironside).
   3. ¿Cuál es el mensaje de este milagro?

## II. Cuerpo
A. *Dos subieron juntos al templo a orar (v. 1)*
   1. El templo era diferente que antes de la cruz.
      a. El velo había sido rasgado en dos (Mt. 27:51).
      b. Todos pueden entrar al lugar Santísimo por medio de la fe en Cristo.
   2. *Pedro y Juan subieron a orar a la hora novena.*
      a. Era la hora tradicional de oración en el templo.
      b. Era la hora cuando se hacían los sacrificios de la tarde.
      c. Era el momento de anunciar el sacrificio de Cristo por nuestros pecados.
   3. *La oración hace que los milagros sean posibles y nuestro mensaje poderoso.*
B. *Uno acudió al templo para pedir limosna (vv. 2-3)*
   1. Era un hombre cojo.
      a. Sufría de esa condición desde su nacimiento
      b. Todos estamos cojos porque somos pecadores (Ro. 3:10-23).
   2. Había vivido de las limosnas que le daban.
      a. Todos los pecadores buscan algo para satisfacerse.
      b. Las limosnas del mundo nos dejan tan pobres como estábamos.
   3. Este hombre cojo necesitaba algo que el mundo no podía darle.

21

C. *Uno entró al templo saltando y alabando a Dios (vv. 4-8)*
1. Pedro vio la verdadera necesidad del cojo y la satisfizo.
2. El pobre cojo esperaba una limosna de dinero.
   a. Pedro le dijo: "No tengo plata ni oro".
   b. Pedro tenía un don muy valioso para darle: "Lo que tengo te doy".
3. El milagro: "En el nombre de Jesucristo de Nazaret, levántate y anda".
   a. Pedro le tomó de la mano y le ayudó a levantarse.
   b. Con el mensaje del evangelio podemos ayudar a otros a levantarse del pecado y la vergüenza.
4. El hombre, ahora sanado, empezó a saltar y a alabar a Dios.

III. **Conclusión**
A. *Note la reacción de otros al milagro (vv. 8-11)*
1. Las personas estaban maravilladas.
2. El milagro creó una oportunidad para proclamar el evangelio.
B. *Debemos aprovechar las oportunidades para hablarles a otros de Cristo*
C. *La salvación es el mayor de los milagros*

# SACÚDASE LAS VÍBORAS

## I. Introducción
A. *Sigamos a Pablo en su viaje a Roma*
   1. Pablo iba a Roma como un prisionero.
   2. Muchas pruebas le esperaban en Roma.
B. *Recordemos la tormenta y el naufragio*
   1. El apóstol fue confortado por un ángel en la tormenta (Hch. 27:22-25).
   2. Naufragaron y encallaron en una isla, pero se salvaron.
   3. Los nativos los recibieron con amabilidad y una hoguera, las dificultades se avecinaban.
C. *Una víbora, saliendo del fuego, atacó a Pablo*
   1. Las víboras a menudo salen de entre las llamas de la vida.
      a. Los tiempos de dificultades nos hacen vulnerables.
      b. Dios tiene una promesa para los momentos de pruebas (Is. 43:2).
   2. Pablo se sacudió la víbora que le atacó, y eso debiéramos hacer nosotros.

## II. Cuerpo
A. *Sacúdase la víbora del desánimo (v. 3)*
   1. Pablo fue atacado mientras ayudaba... haciendo el bien.
      a. Estaba recogiendo ramas secas para el fuego.
      b. Las víboras con frecuencia aparecen cuando estamos haciendo el bien.
   2. Pablo podía haber permitido que este ataque le hiciera dudar.
   3. Por el contrario, se sacudió la víbora recordando la promesa de Dios.
   4. Permita que las promesas de Dios le liberen, sacúdase el desaliento.
B. *Sacúdase la víbora de la crítica (v. 4)*
   1. La reacción de los que critican: "Ciertamente este hombre es homicida".
   2. Muchos son rápidos para juzgar y acusar falsamente.
      a. ¿Le están juzgando injustamente y acusando falsamente?
      b. Usted no es el primero en sufrir esta clase de prueba.
   3. A Jesús lo criticaron constantemente.
      a. Dijeron de Él que era un blasfemo (Mt. 9:3).
      b. Le acusaron de estar asociado con Satanás (Mt. 9:34).

    4. Recuerde cómo respondió Jesús a sus acusadores (1 P. 2:23).

    5. Sacúdase la víbora de las críticas poniendo los ojos en Jesús (He. 12:1-2).

  C. *Sacúdase la víbora de las pobres expectativas (v. 6)*

    1. Los nativos esperaban que él se hinchase y cayera muerto.

    2. Algunos tienen expectativas pobres de usted como cristiano.

      a. Piensan que va a tropezar y caer.

      b. Están esperando que abandone.

    3. Sacúdase las conclusiones sin base que otros sacan.

    4. Demuestre su equivocación mediante su fidelidad al Señor.

**III. Conclusión**

  A. *Jesús vino para darnos vida abundante (Jn. 10:10)*

    1. Podemos conseguir la victoria diaria a pesar de la oposición.

    2. El Espíritu Santo nos ha equipado para ganar.

  B. *Sacúdase esas víboras y experimente el gozo del Señor*

# CRISTO Y LA COMUNIÓN

*Mateo 26:26-29*

## I. Introducción

A. *Se acerca la hora suprema de la humanidad*
1. "Mi tiempo está cerca" (26:18).
2. La crucifixión se acerca (26:2).

B. *Jesús preparó a sus discípulos para la realidad de la cruz*
1. Participaron juntos de la última pascua (los tipos sería cumplidos en la cruz).
2. Participaron de la primera Comunión (comienza un nuevo pacto).

C. *Note las siguientes lecciones de Jesús para cada servicio de Comunión*

## II. Cuerpo

A. *Recuerde la Comunión y el cuerpo de Cristo (v. 26)*
1. "Tomad, comed; esto es mi cuerpo".
2. Los discípulos debieron quedarse pensando en esa declaración.
   a. Cristo estaba en su cuerpo.
   b. Los discípulos podían ver su cuerpo.
3. Lucas nos aclara el misterio (Lc. 22:19).
   a. "Haced esto en memoria de mí".
   b. El pan es un símbolo que nos recuerda el cuerpo de Cristo.
4. ¿Qué debiéramos recordar nosotros acerca de su cuerpo en la Comunión?
   a. Cristo eligió las limitaciones de un cuerpo (Fil. 2:5-7).
   b. Cristo eligió mostrar su amor en un cuerpo (Fil. 2:8).
5. Cristo soportó el dolor de la cruz en su cuerpo.

B. *Recuerde la Comunión y la sangre de Cristo (vv. 27-28)*
1. "Tomando la copa, y habiendo dado gracias, les dio".
2. "Bebed de ella todos; porque esto es mi sangre".
3. ¿Cómo puede ser esto la sangre de Cristo?
   a. Los discípulos sabían que su sangre estaba en Él.
   b. Como el pan, esto era un memorial, un símbolo de su sangre.
   c. Esto estaba claro para los discípulos y debiera estarlo para nosotros.
4. Cristo derramó su sangre para pagar por nuestros pecados (Ro. 5:9).
   a. La sangre de Cristo nos ha redimido (1 P. 1:18-19).
   b. La sangre de Cristo nos limpia del pecado (1 Jn. 1:9).

    c. La sangre de Cristo demuestra su amor por nosotros
(Ap. 1:5)
   5. Recordar su sangre en la Comunión debiera incrementar
nuestro amor por Él.

C. *Recuerde la Comunión y la venida del reino de Cristo (v. 29)*
  1. "El reino de mi Padre".
  2. La Comunión mira en dos direcciones.
    a. Mira hacia la cruz.
    b. Mira hacia el futuro al reino.
  3. La comunión es una oportunidad para examinar nuestros
corazones y confesar nuestros pecados.
  4. Es un tiempo para celebrar nuestro maravilloso futuro con
Cristo en su reino.

**III. Conclusión**
A. *Cuando recordamos la cruz nos hacemos conscientes de
nuestros pecados*
B. *¿Ha respondido usted al amor que hace posible el perdón de
los pecados?*
C. *¿Estará usted con Cristo en su reino maravilloso?*

# CRISTO DESPUÉS DE LA COMUNIÓN

*Mateo 26:26-42*

**I. Introducción**

    *A. Vea el testimonio de la primera Comunión*

        1. Los cristianos en todas partes participan del pan y de la copa de Comunión

        2. La Comunión empezó con Jesús y sus discípulos alrededor de la mesa.

    *B. La primera Comunión fue una anticipación de la cruz*

        1. Fue una anticipación para ellos; es un memorial para nosotros.

        2. Es un tiempo para recordar la muerte del Salvador y anticipar su regreso.

    *C. ¿Qué imágenes de Jesús se desarrollaron después de la primera Comunión?*

**II. Cuerpo**

    *A. Aquí tenemos la imagen de un Salvador que canta (v. 30)*

        1. "Y cuando hubieron cantado el himno salieron…"

        2. ¿Qué clase de himno cantaron?

          a. Jesús había dado gracias por el pan y la copa.

          b. Su canto fue probablemente de acción de gracias.

        3. La gratitud de Cristo durante la Comunión es un misterio de la gracia.

          a. Estaba agradecido por la cruz.

          b. ¿Agradecido por los esputos, las espinas, los clavos?

          c. Estaba agradecido porque la salvación estaría disponible para todos.

        4. Todo servicio de comunión debiera ser un canto de alabanza.

          a. Cristo pagó por nuestros pecados con su sangre.

          b. Este es el canto sin fin en el cielo (Ap. 5:9).

    *B. Esta es una imagen del Salvador entristecido y angustiado (vv. 36-38)*

        1. "Comenzó a entristecerse y angustiarse"; "Mi alma está muy triste".

        2. La proximidad de la muerte llena la mente y el corazón de Jesús.

          a. Él reconoce el dolor, la vergüenza, el sufrimiento que le espera.

          b. Cumplirá la profecía de Isaías del siervo que sufre (Is. 53).

3. Algunos saldrán de este culto para enfrentarse a sufrimientos desconocidos.
   a. La mayoría pasan por sufrimientos que no pensaban que pasarían.
   b. Muchos pasan por tristezas que no piensan que podrían.
4. El Salvador que sufrió entiende y se interesa por nosotros.
5. "Dios está con nosotros en los sufrimientos. No hay dolor que desgarre el corazón, y puedo decir que ninguno que perturbe el cuerpo, en los que Cristo Jesús no ha estado con nosotros" (Spurgeon).

C. *Esta es una imagen del Salvador manso y sumiso (v. 42)*
1. "Hágase tu voluntad".
   a. Esa son las palabras más difíciles de decir en una oración.
   b. Esas palabras significan sumisión a la cruz.
2. Esa es la expresión de un corazón que se somete a Dios en la oración.
   a. ¿Cuándo fue la última vez que usted oró de esta manera?
   b. ¿Cuándo fue que usted sometió su corazón verdaderamente a Dios?

III. **Conclusión**
A. *¿Saldrá usted de este culto de Comunión más semejante a Cristo?*
B. *¿Saldrá de aquí con un himno de gratitud por su amor por usted?*
C. *¿Qué imagen de Cristo se está desarrollando en usted que otros pueden ver?*

# ¿POR QUÉ TODO ESTE GEMIR?

*Romanos 8:18-27*

I. **Introducción**
   A. *Hay días mejores por delante*
      1. Hay días mejores por delante para toda la creación.
      2. Hay días mejores por delante para todos los cristianos.
   B. *Mientras tanto, oímos mucho gemir a nuestro alrededor*
      1. La creación está gimiendo.
      2. Los cristianos están gimiendo.
      3. El Espíritu Santo está gimiendo
   C. *¿Cuál es la razón de todo este gemir?*

II. **Cuerpo**
   A. *¿Por qué gime la creación? (vv. 18-22)*
      1. "Porque sabemos que toda la creación gime a una" (v. 22).
         a. Esta no era la situación en el comienzo.
         b. Todo lo que Dios hizo era bueno en gran manera (Gn. 1:31).
      2. La caída trajo dolor a toda la creación (Gn. 3).
         a. Trajo enfermedad, tristeza y muerte a la humanidad.
         b. Trajo espinas, cardos, tormentas y terremotos al mundo.
         c. Trajo enemistad entre los animales y los seres humanos.
      3. Este gemir de la naturaleza nos recuerda la seriedad del pecado.
      4. Como una mujer con dolores de parto, la creación espera el regreso de Cristo.
      5. Un aumento en los desastres naturales es una señal de ese gran día (Mt. 24:7).
   B. *¿Por qué gimen los cristianos? (vv. 23-25)*
      1. "Y no sólo ella, sino que también nosotros mismos" (v. 23).
      2. Nadie pensaría que los cristianos tuvieran algo que ver con este gemir.
         a. Nuestros pecados están perdonados por la fe en Cristo (Ef. 1:7).
         b. Estamos justificados y tenemos paz para con Dios (Ro. 5:1).
         c. Tenemos asegurado nuestro hogar en el cielo (Jn. 14:1-3).

3. ¿Por qué, pues, gemimos?
   a. Somos parte de una raza caída y pecadora (Ro. 3:10-23).
   b. También experimentamos dolor, sufrimiento y muerte como otros (He. 9:27).
4. Gemimos porque sabemos que se acerca un día mejor (Ro. 8:18).
   a. Gemimos en anticipación de la resurrección que viene.
   b. Aguardamos la adopción, es decir, redención de nuestro cuerpo.
C. *¿Por qué gime el Espíritu Santo? (vv. 26-27)*
   1. El Espíritu Santos nos ayuda en nuestras pobres oraciones.
      a. Gemimos porque no sabemos cómo orar como debiéramos.
      b. El Espíritu Santo intercede por nosotros con gemidos indecibles.
   2. El Espíritu Santo sabe lo que es mejor para nosotros e intercede en consecuencia.
   3. El llamamiento de Dios a orar crea dificultades, pero el Consolador hace nuestras oraciones eficaces.

**III. Conclusión**
A. *La gloria sigue a los gemidos de la creación y de los cristianos*
B. *La creación espera el día cuando los hombres y los ángeles digan: "¡El Salvador viene de nuevo!"*
C. *Ese día se acerca cada vez más*

# CONOZCAMOS A DIOS

*Éxodo 33:13-14, 17*

## I. Introducción

A. *¿Por qué iba a querer alguien conocer a Dios*
1. Sin Dios... no hay paz (Is. 57:21).
2. Conocer a Dios es conocer la paz (Jn. 14:27).
3. Algo falta en la vida hasta que no conocemos a Dios.

B. *Conocer a Dios es el deseo más grande del corazón*
1. Conocer a Dios sobrepasaba todo otro deseo de Moisés.
2. ¿Cuál es el deseo supremo de su corazón?

C. *¿Cómo podemos conocer a Dios?*

## II. Cuerpo

A. *Podemos conocer a Dios por medio de la fe en su Palabra (v. 13)*
1. "Si he hallado gracia en tus ojos".
2. No hay esperanza para nadie aparte de la gracia de Dios.
   a. La gracia otorga el favor de Dios a pecadores que no se lo merecen.
   b. Solo la gracia de Dios hace posible que los pecadores conozcan a Dios.
3. Esta gracia se hace personal y práctica por medio de la fe.
   a. La fe nos asegura la gracia de Dios al creer en su Palabra.
   b. Pablo dijo que esto le capacitó a él para conocer a Dios personalmente (2 Ti. 1:12).
4. Moisés había llegado a la fe hacía mucho tiempo (He. 11:23-29).
5. Ahora quería conocer a Dios mejor.
6. ¿Conoce usted a Dios? ¿Cuán bien le conoce?

B. *Podemos conocer a Dios al enfocarnos en su camino (v. 13)*
1. "Te ruego que me muestres ahora tu camino, para que te conozca".
2. Conocemos mejor a Dios al observar sus obras.
   a. Le conocemos al aprender acerca de su plan para la creación y la redención.
   b. Le conocemos al estudiar el trabajo de Dios entre su pueblo.
   c. Le conocemos al comparar las profecías del Antiguo Testamento y su cumplimiento en el Nuevo Testamento.
3. Estudiar la vida de Jesús nos ayuda a conocer a Dios mejor.

31

      a. Obtenemos una apreciación más grande de su amor.

      b. Obtenemos una comprensión mejor de su gracia.

    4. Permanecer al lado de la cruz nos lleva más cerca de Dios.

    5. Enfocarnos en el regreso de Cristo nos hace más semejantes a Él (1 Jn. 3:1-3).

  C. *Conocemos mejor a Dios al rendirnos por completo a Él (v. 14)*

    1. "Mi presencia irá contigo".

    2. Moisés había sido llamado a una tarea difícil.

      a. Había pasado por muchas pruebas.

      b. Dios había estado con él en todo el camino.

    3. La fidelidad de Dios en las pruebas llevó a Moisés a querer conocerle mejor.

    4. Estaba dispuesto a continuar siguiéndole dondequiera que Dios le llevara.

**III. Conclusión**

  A. *¿Anhela usted conocer a Dios?*

  B. *¿Anhela conocerle mejor?*

    a. Confíe en Cristo como su Salvador y le conocerá personalmente.

    b. Estudie su palabra y su camino... y ríndase por completo a Él.

# EL PODER DE UNA IGLESIA PERDONADORA

*Hechos 1:14; Mateo 18:15-17*
*Marcos 11:25; Efesios 4:30-32*

I. **Introducción**
   A. *Observemos a una iglesia unida*
      1. Eran de un mismo espíritu (Hch. 1:14).
      2. Oraban juntos en un mismo lugar (Hch. 2:1)
      3. Eran de un corazón y un alma (Hch. 4:32).
   B. *Esta iglesia tenía muchos problemas potenciales*
      1. Pedro había negado a Cristo tres veces.
      2. Tomás había dudado de la resurrección.
      3. Las mujeres habían ido a la tumba para hacer el trabajo de empleados de funeraria.
      4. El amor los capacitó para perdonar y trastornar al mundo (Hch. 17:6).
   C. *Hay tres llamamientos de la Biblia al perdón*

II. **Cuerpo**
   A. *Perdonar para restaurar a un hermano (Mt. 18:15-17)*
      1. Es un plan sencillo y directo.
      2. Tu hermano ha pecado en contra suya.
         a. Usted va y habla con él a solas, sin decírselo a nadie.
         b. Va inmediatamente, orando por la reconciliación.
      3. Le dice amorosamente los que les divide a ustedes.
      4. Si él responde, usted le perdona y se reconcilia con él.
      5. Si no responde, usted acude a la iglesia con el propósito de ganar a su hermano.
   B. *Perdonar para que sus oraciones no sean estorbadas (Mr. 11:25)*
      1. "Y cuando estéis orando, perdonad".
      2. La oración eficaz es vital para la iglesia.
         a. El primer culto de la naciente iglesia fue una reunión de oración.
         b. Cuando los creyentes se ponen de acuerdo para orar, cosas buenas suceden.
      3. No podemos orar con eficacia a menos que perdonemos.
      4. "Es obvio que todo cristiano que trata de orar con un corazón no perdonador se encuentra con una gran muro de pecados apilados entre él y Dios que no pueden ser eliminados y retirados del camino hasta que él no perdona lo que han hecho en contra suya" (John Rice, *Prayer: Asking and Receiving* [Oración: Pedir y recibir] [Murfreesboro, Tenn.: Sword of the Lord, 1942], 295).

      5. La falta de perdón es lo que puede estar impidiendo que nuestras oraciones sean contestadas.

  C. *Perdonar para no entristecer al Espíritu Santo (Ef. 4:30-32)*

      1. ¿Por qué tenía la naciente iglesia un poder tan grande?

         a. Los miembros eran personas débiles e imperfectas.

         b. El Espíritu Santo era la fuente de su poder.

         c. Estaban llenos del Espíritu Santo.

      2. Cuando no perdonamos, entristecemos al Espíritu Santo.

         a. Cuando cesamos de entristecer al Espíritu Santo, su poder fluye a través de nosotros.

         b. Los creyentes llenos del Espíritu Santo no son esclavos de la malicia o el enojo.

      3. Podemos perdonar porque hemos sido perdonados (v. 32).

**III. Conclusión**

  A. *¿Ha alguien esperando su perdón?*

  B. *Vaya a buscar a esa persona que espera y nunca irá sola.*

# CONECTÉMONOS AL PODER

*Hechos 4:31-33*

I. **Introducción**
   A. *Todos estamos necesitados del poder de Dios*
      1. Necesitamos su poder para vivir la vida cristiana.
      2. Necesitamos su poder para vencer al enemigo de nuestras almas.
      3. Necesitamos su poder para alcanzar a un mundo perdido.
   B. *Está a nuestra disposición todo el poder que necesitamos*
      1. Tenemos la promesa del poder en la Gran Comisión (Mt. 28:18-20).
      2. Pablo anhelaba el poder de la resurrección (Fil. 3:10).
      3. La naciente iglesia tenía el poder para cambiar el mundo (Hch. 17:6).
   C. *¿Cómo puede ser nuestro el gran poder de Dios?*

II. **Cuerpo**
   A. *Debemos conectarnos con el poder de la oración (v. 31)*
      1. "Cuando hubieron orado".
         a. Tembló el lugar en el que estaban reunidos.
         b. Todos quedaron llenos del Espíritu Santo.
      2. El mensaje es claro: *El poder viene por medio de la oración.*
      3. Los discípulos les pidieron al Señor que los enseñara a orar (Lc. 11:1).
         a. Estamos bien instruidos en muchas cosas: Organización, doctrina, técnicas de enseñanza.
         b. Muchos son analfabetos en cuanto a la escuela de la oración.
         c. Aprendemos a orar al pedir grandes cosas y esperar respuestas.
      4. La oración nos trae el poder del Espíritu Santo.
      5. La oración nos hace atrevidos para hablar a otros de Cristo.
   B. *Debemos conectarnos con el poder del amor (v. 32)*
      1. "La multitud de los que habían creído eran de un corazón y un alma".
      2. El compañerismo cristiano de la iglesia se edifica sobre el amor.
      3. Todos los esfuerzos cristianos son inútiles sin amor (1 Co. 13).
         a. El amor perdona y derriba las barreras.
         b. El amor espera lo mejor en los hermanos de la iglesia.

    c. El amor es considerado con otros en la iglesia.
    4. El amor produce pasión por los perdidos en la comunidad.
    5. El amor capacita a los cristianos para superar sus diferencias.
    6. El amor hace que las personas sean más importantes que las posesiones.

  C. *Debemos conectarnos con el poder del testimonio (v. 33)*
    1. "Y con gran poder los apóstoles daban testimonio".
      a. Estos creyentes llenos de amor y que oraban dieron un testimonio poderoso.
      b. Dieron testimonio del poder de la cruz y de la resurrección.
    2. La evangelización es la gran necesidad de nuestro tiempo.
    3. Las iglesias languidecen porque son pocos los que dan testimonio de Cristo.
    4. Los cristianos que dan testimonio son una fuerza poderosa para Dios.

**III. Conclusión**
  A. *Reflexione sobre los logros de la naciente iglesia*
    1. Nos avergüenzan por lo que hicieron sin nuestras grandes ventajas.
    2. Hicieron hincapié en lo básico y ganaron a miles para el Señor.
  B. *Debemos volver a lo esencial y básico del cristianismo*
  C. *La oración, el amor y el testimonio transformarán al mundo*

# NUEVOS COMIENZOS

*2 Corintios 5:17-20*

**I. Introducción**
  A. *La vida cristiana tiene un comienzo*
   1. Nadie nace cristiano; todos nacemos pecadores (Sal. 51:5; Ro. 3:1-23).
   2. Todos necesitamos nacer de nuevo para recibir la vida eterna (Jn. 3:1-5, 16).
  B. *A veces aun los creyentes necesitan un nuevo comienzo*
   1. Necesitamos un nuevo comienzo cuando estamos amargados o fastidiados acerca del pasado, presente o futuro.
   2. David comprendió bien esto y oró pidiendo un nuevo comienzo (Sal. 51).
  C. *Siga estos pasos sencillos para un nuevo comienzo del creyente*

**II. Cuerpo**
  A. *Deje que el pasado pase por medio del perdón (v. 17)*
   1. "Las cosas viejas pasaron".
    a. Creamos esto en relación con nuestros pasados pecados (Sal. 103:12).
    b. Creámoslo en relación con los pecados confesados desde la salvación (1 Jn. 1:9).
   2. Niéguese a dejarse atormentar por pecados que Dios ha perdonado.
   3. Un nuevo comienzo también requiere perdonar a otros (Ef. 4:30-32).
    a. Muchos se retrasan en su caminar cristiano porque se niegan a perdonar.
    b. Ya es hora de olvidar viejos rencores causados por daños que nos causaron.
   4. Podemos perdonar porque hemos sido perdonados.
    a. Nunca hemos sido ofendido tanto como nosotros hemos ofendido a Dios.
    b. Puesto que Él nos ha perdonado a nosotros, podemos perdonar a otros.
   5. ¿Está usted listo para dejar que el pasado pase por medio del perdón?
  B. *Deje que el futuro sea excelente por medio de la fe (v. 18)*
   1. "Y todo esto proviene de Dios".
   2. Empezamos con Dios mediante la fe en la salvación (Ro. 5:1; Ef. 2:8-9).
   3. Toda la vida cristiana es una experiencia de fe.

     a. El justo vivirá por la fe (Hab. 2:3; Ro. 1:17; Gá. 3:11; He. 11:38).

     b. Fe es confianza total en el Señor; es lo opuesto del temor.

     c. Según aumenta la fe, disminuye el temor.

   4. ¿Por qué hay entonces tantos creyentes esclavos de la ansiedad?

     a. No confían en Dios para la provisión diaria (Fil. 4:19).

     b. Están tratando de enfrentar el futuro antes de que este llegue (Mt. 6:34).

     c. Se han olvidado de que todas las cosas son posibles para Dios (Lc. 1:37).

   5. "La fe hace que todo en nosotros, lo interior y lo exterior, sea bueno, brillante y favorable, y el futuro glorioso" (V. Raymond Edman).

  *C. Deje que el presente sea emocionante por medio del evangelismo (vv. 18-20)*

   1. "Y nos dio el ministerio de la reconciliación".

   2. Hemos sido comisionados a hablarles a otros acerca del amor de Cristo.

     a. Somos embajadores de Cristo.

     b. Estamos llamados a llevar a otros a la reconciliación con Dios.

   3. Nada es más emocionante que ganar a otros para Cristo.

**III. Conclusión**

  *A. ¿Ha empezado usted con Cristo? ¿Ha nacido de nuevo?*

  *B. ¿Ha perdido el gozo de su salvación?*

  *C. Permita que el perdón, la fe y la evangelización le traiga a usted un nuevo comienzo.*

# ¿POR QUÉ ES TAN IMPORTANTE EL ARREBATAMIENTO?

*1 Corintios 15:51-52; Apocalipsis 22:12*

I. **Introducción**
  A. *Jesús, quien murió y resucitó, vendrá otra vez*
     1. Su muerte, sepultura y resurrección ofrecen vida eterna.
     2. Estos son los ingredientes del evangelio (15:3-4).
     3. Su regreso dará cumplimiento a su promesa (Jn. 14:1-3).
     4. Su regreso para su iglesia lo conocemos como "el arrebatamiento".
  B. *¿Por qué es tan importante centrarse en el arrebatamiento?*
     1. Muchos se centran en el tiempo del arrebatamiento (señales, etc.).
     2. Muchos se enfocan en los detalles de la tribulación que seguirá al arrebatamiento.
     3. Necesitamos enfocarnos en el arrebatamiento en sí.
     4. ¿Por qué es esto cierto?

II. **Cuerpo**
  A. *El arrebatamiento traerá la resurrección (1 Co. 15:51-52)*
     1. Lea el gran capítulo de Pablo sobre la resurrección (cp. 15).
        a. Aquí vemos la importancia de la resurrección de Cristo (15:12-20).
        b. Vemos también la importancia de la resurrección de los creyentes (15:20-23).
        c. La resurrección es nuestro consuelo cuando perdemos a nuestros seres amados (1 T. 4:18).
     2. La resurrección tendrá lugar durante el arrebatamiento.
     3. Los muertos en Cristo resucitarán primero (15:52).
     4. Cada visita a un cementerio debiera recordarnos el arrebatamiento.
     5. ¿Ha experimentado usted el consuelo que se encuentra en la promesa de resurrección en el arrebatamiento?
  B. *El arrebatamiento traerá transformación (1 Co. 15:51-52)*
     1. "Seremos transformados".
     2. Los creyentes vivos serán arrebatados en un instante.
        a. Ese momento tan especial nos cambiará a todos.
        b. Seremos semejantes a Cristo (1 Jn. 3:1-2).
     3. Recuperaremos lo que Adán y Eva perdieron.
        a. Tendremos cuerpos perfectos sin limitaciones de enfermedad ni dolor.

    b. Tendremos mentes perfectas que no estarán ya afecta-
das por la caída.

    c. Ya no tendremos más enfermedad, ni tristeza o muerte.

4. Toda la creación espera lo que será revelado en aquel día
maravilloso (Ro. 8:18-23).

    a. La creación todavía gime a causa de la caída.

    b. Entonces la creación se gloriará en lo que Dios ha
hecho por su pueblo.

  **C.** *El arrebatamiento traerá recompensas (Ap. 22:12)*

    1. Cristo vendrá y traerá con Él galardones.

    2. Recompensas, ¿por qué?

      a. El servicio fiel a nuestro Señor será recompensado.

      b. Vencer en las tentaciones y permanecer firme en las
pruebas será recompensado (Stg. 1:12).

      c. Esperar y amar la aparición de nuestro Señor será
recompensado (2 Ts. 4:8).

    3. Vivamos en anticipación de la llegada de ese día.

**III. Conclusión**

  *A. ¿Está usted listo para el arrebatamiento?*

  *B. ¿Ha confiado usted en Cristo como su Salvador?*

  *C. ¿Qué recompensas espera usted para cuando su Señor
regrese?*

# SEREMOS ARREBATADOS

*1 Tesalonicenses 4:13-18*

**I. Introducción**

   A. *¿Cuál es el próximo gran acontecimiento profético?*

     1. Muchas profecías se cumplieron en el nacimiento de Jesús.

     2. Muchas profecías se cumplieron en la muerte y resurrección de Cristo.

     3. El siguiente gran acontecimiento profético es el regreso de Cristo.

   B. *¿Qué sucederá cuando Cristo regrese?*

     1. Que resucitarán los muertos en Cristo (vv. 13-16).

     2. Los creyentes vivos serán arrebatados (v. 17).

   C. *Tres preguntas surgen por la inminencia del regreso de Cristo*

**II. Cuerpo**

   A. *¿Cómo debiéramos vivir a la luz de la cuenta regresiva?*

     1. Cada día que pasa nos acercamos más al regreso de Cristo.

      a. El reloj profético nunca para.

      b. La marcha implacable del tiempo da un sentido de urgencia a la vida.

     2. La cuenta regresiva de la vida nos sigue recordando la brevedad del tiempo.

      a. Sueños realizados o frustrados nos mantienen conscientes de la importancia de aprovechar las oportunidades.

      b. La ausencia de los que están en el cielo nos alerta de la brevedad de la vida.

     3. La cuenta regresiva del regreso de Cristo es evidente por las señales que vemos a nuestro alrededor.

      a. Una señal es las guerras y rumores de guerras (Mt. 24:6-7).

      b. Otra señal son las nuevas enfermedades y los desastres naturales (Mt. 24:7).

      c. Otra señal es los días de Noé: Un aumento de la maldad en tiempos de prosperidad (Mt. 24:37-39).

   B. *¿Cómo debiéramos vivir a la luz del arrebatamiento?*

     1. "Luego nosotros los que vivimos, los que hayamos quedado, seremos arrebatados" (v. 17).

     2. Aquel que murió y resucitó vendrá de nuevo.

3. Los creyentes que estén vivos en aquel momento no pasarán por la muerte.
   a. La muerte ha cobrado su cuota a lo largo de los siglos.
   b. Todos hemos estado al lado de la tumba de seres amados.
   c. Viene un día mejor, el día cuando seremos arrebatados.
4. Nuestros planes debieran, pues, trascender nuestra breve estadía en la tierra.
   a. Acumular tesoros aquí no debiera ser nuestra prioridad.
   b. Debiéramos vivir cada día con la venida de Cristo en mente (1 Jn. 2:28).

C. *¿Cómo debiéramos vivir a la luz del juicio venidero?*
1. El tribunal de Cristo sigue al arrebatamiento.
   a. Todos tenemos que comparecer ante el tribunal de Cristo (2 Co. 5:10).
   b. Los cristianos deben rendir cuentas de su servicio a Cristo (Ro. 14:12).
2. El día de examen se acerca.
3. La recompensa espera a los que han servido a Cristo fielmente.
4. Pedro nos reta a todos: Todo lo que vemos quedará deshecho (2 P. 3:11).
5. ¿Cuál cree que será el juicio del Señor de su servicio por Él?

III. **Conclusión**
   A. *¿Su futuro le traerá recompensa o remordimiento?*
   B. *Todavía hay tiempo para rendir su vida a Cristo*
   C. *Puede empezar hoy a preparar su futura recompensa*
   D. *¡No lo demore! ¡El arrebatamiento puede suceder en cualquier momento!*

# ¿GOZO EN LAS PRUEBAS?

*Santiago 1:1-12*

## I. Introducción

A. *Santiago escribe a la familia de Dios: "Hermanos míos"*
1. Nos hacemos parte de la familia de Dios por la fe (Ro. 5:1).
2. Usted puede llegar a ser un hijo de Dios al recibir a Cristo (Jn. 1:12).

B. *Santiago también escribe acerca de gozo y pruebas*
1. Tenemos que ver las pruebas como gozo.
2. ¿Cómo puede ser esto?
   a. Las pruebas no son gozosas.
   b. ¿Cómo podemos tener gozo en ellas?

## II. Cuerpo

A. *Podemos mirar más allá de nuestras pruebas (vv. 2-4)*
1. "Sabiendo que la prueba de vuestra fe produce paciencia".
   a. La paciencia mira al futuro esperando cosas mejores.
   b. La paciencia mira más allá de las nubes de hoy a la salida del sol.
2. Jesús nos ha dado el ejemplo en la cruz (He. 12:2).
   a. El dolor y la vergüenza de la cruz hizo que fuera una prueba terrible.
   b. Jesús miró más allá de esto al gozo que vendría después.
3. Había gozo para Jesús después de la cruz.
   a. Tendría el gozo de la resurrección y de la ascensión al Padre.
   b. Tendría el gozo del futuro arrebatamiento y del reino.
   c. Tendría el gozo de millones que se salvarían y participaría del cielo con Él.

B. *Podemos mirar por las posibilidades de bien en nuestras pruebas (v. 5)*
1. Hay lecciones para aprender en nuestras pruebas.
2. Hay cambios que tienen que producirse en nosotros (Ro. 8:28-29).
3. Necesitamos sabiduría para entender lo que Dios está haciendo en nuestras pruebas.
   a. Podemos pedir sabiduría y recibirla.
   b. Nuestro Señor da sabiduría abundantemente a los que la piden.

    4. Dios puede estar desarrollando nuevas actitudes en nosotros por medio de las pruebas.

    5. Dios puede estar activando algunos talentos en nosotros a través de las pruebas.

    6. Dios puede impartirnos sabiduría por medio de otra persona en nuestras pruebas.

  C. *Podemos mirar al poder de la oración en nuestras pruebas (vv. 6-8)*

    1. Dios nos invita a que pidamos ayuda en las pruebas (He. 4:15).

      a. Hay gracia disponible para ayudarnos en nuestras pruebas.

      b. Esta gracia está disponible en tiempo de necesidad.

    2. Dios está allí para escucharnos y responder en nuestras pruebas.

      a. Considere los discípulos en la tormenta (Mr. 4:35-41).

      b. Considere a María y Marta en la muerte de Lázaro (Jn. 11).

    3. Podemos orar y pedir a otros que oren.

    4. La fe crece por medio de oraciones contestadas durante las pruebas.

**III. Conclusión**

  A. *Podemos mirar al premio que nos espera después de las pruebas (v. 12)*

    1. Nuestras pruebas son temporales.

    2. Nuestro Señor nos ofrece salvación por fe y también nos ofrece recompensas eternas.

  B. *Para los que esperan en Cristo, lo mejor está todavía por venir*

# TRES GRANDES PALABRAS PARA EL CAMINO

*Éxodo 15*

## I. Introducción

A. *Moisés y el pueblo habían cruzado milagrosamente el Mar Rojo*

1. La liberación de Israel de la esclavitud nos habla de nuestra salvación.
   a. Nosotros éramos esclavos del pecado y de Satanás.
   b. Hemos sido liberados por la sangre del Cordero.
2. Los Israelitas tenían ahora por delante un camino difícil.
   a. La vida cristiana es como un camino.
   b. Hay muchas pruebas a lo largo del camino.

B. *Tenemos grandes palabras para el camino: Celebración, innovación, dedicación*

## II. Cuerpo

A. *Celebración (vv. 1-21)*

1. "Entonces cantó Moisés y los hijos de Israel".
2. Estos hombres y mujeres liberados tenían muchas cosas que celebrar.
   a. Ya no eran esclavos; sus enemigos había sido destruidos.
   b. Iban de camino a la Tierra Prometida.
3. Eligieron contar sus bendiciones y celebrarlo.
   a. Moisés los dirigió en un canto que daba gloria a Dios.
   b. Moisés les recordó que el Señor era su fortaleza.
4. ¿Qué tenemos nosotros para celebrar?
   a. Nuestros pecados han sido perdonados; estamos justificados y vamos camino al cielo.
   b. Dios ha prometido acompañarnos a lo largo de todo el camino.

B. *Innovación (vv. 22-25)*

1. Los israelitas se encontraron con su primer gran problema en el camino.
   a. Les empezó a faltar el agua.
   b. Cuando encontraron agua, esta era amarga.
2. A veces las experiencias amargas hacen que nos amarguemos, entonces empezamos a quejarnos.
3. Moisés sabía a dónde ir en las dificultades; y nosotros también debiéramos.
4. Dios tenía soluciones innovadoras para el problema del agua.

a. Moisés tenía que echar un árbol a las aguas para que se endulzaran.
b. Este era un método nuevo para Moisés, pero funcionó.
5. Debemos ser innovadores en el evangelismo y la solución de problemas.
6. Nuestra innovación debiera estar siempre enraizada en inspiración (la Biblia).
7. Las soluciones de Dios para nuestros problemas involucrarán siempre el árbol (la cruz).

C. *Dedicación (vv. 26-27)*
1. Moisés llamó al pueblo a una nueva dedicación (v. 26).
   a. "Si oyeres atentamente la voz de Jehová tu Dios".
   b. "E hicieres lo recto delante de sus ojos".
   c. "Y dieres oído a sus mandamientos, y guardares todos sus estatutos".
2. La sanidad y la bendición vendría como resultado de su dedicación.
3. No podemos esperar las bendiciones de Dios aparte de nuestra completa dedicación.

III. **Conclusión**
A. *¿Ha empezado usted el camino? ¿Ha sido salvado?*
B. *Dios quiere encontrarse con usted allí donde está para caminar juntos*
C. *Las grandes palabras de Dios para el camino le ayudarán en todo el recorrido*

# ¿NO HAY PESCA? ¡NO HAY SEGUIDORES!

*Marcos 1:14-18*

**I. Introducción**
   A. *Jesús llama a sus primeros discípulos*
      1. Pedro y Andrés estaban pescando.
      2. "Venid en pos de mí, y haré que seáis pescadores de hombres".
         a. Ese era un llamamiento claro a la fe y a lo que significaría seguirle.
         b. Seguir a Cristo les haría pescadores de hombres.
         c. Salir a pescar personas es lo más descuidado del llamamiento de Cristo.
   B. *Este es un llamamiento serio, que exige nuestra atención*
   C. *¿Cómo podemos hacernos pescadores de personas?*

**II. Cuerpo**
   A. *Podemos seguir a Cristo en sus contactos con las personas*
      1. Jesús amaba a las personas y tenía tiempo para ellas.
         a. Amaba a los ricos y a los pobres.
         b. Amaba a los jóvenes y a los mayores.
         c. Amaba a los aceptados socialmente y a los marginados.
      2. Amó a la samaritana en el pozo que tenía un corazón sediento (Jn. 4:5-30).
      3. Amó al dirigente que estaba dominado por sus temores (Jn. 3:1-21).
      4. Amó al pobre rico subido a un árbol sicómoro (Lc. 19:1-10).
      5. El amor de Cristo por las personas se evidenció en cada contacto.
         a. Si queremos ser pescadores de hombres, tenemos que amar a toda clase de personas.
         b. ¿Le está privando la falta de amor el alcanzar a las personas para Cristo?
   B. *Podemos seguir a Cristo en su compasión en la cruz*
      1. Jesús dijo: "Padre perdónalos…" a la multitud que maldecía.
      2. Mientras Él sufría, ganó un alma.
         a. El malhechor en la cruz vio a un rey con una corona de espinas.
         b. Él dijo: "Acuérdate de mí" (Lc. 23:42-43).
         c. El Señor respondió: "De cierto te digo que hoy estarás conmigo en el paraíso".

3. El dolor y la vergüenza de la cruz demostró su amor.
   a. Su amor alcanza a todos los pecadores.
   b. Su amor garantiza que la salvación es solo por fe.
   c. Su amor es el corazón del evangelio.
4. Salir a pescar personas demanda amor por aquellos que tratamos de alcanzar.
5. Sin amor, los esfuerzos del testimonio no tienen valor (1 Co. 13).

C. *Podemos seguir a Cristo dedicándonos por completo a su misión*
   1. Cristo estaba totalmente dedicado a la voluntad de su Padre (Jn. 6:38).
      a. Vino para morir por los pecadores.
      b. Vino para proveernos de vida eterna.
   2. Cristo ha comisionado a sus seguidores que lleven adelante su misión.
      a. Queda bien claro en la Gran Comisión (Mt. 28:18-20).
      b. Al obedecer su llamamiento nos hacemos pescadores de personas.

III. **Conclusión**
   A. *¿Ha salido a pescar últimamente?*
   B. *Si no ha estado pescando, usted no le ha estado siguiendo*
   C. *Decida seguir a Jesús y salga a pescar cada día*

# ARRIESGÁNDOLO TODO CON DIOS

*Esdras 8:21-23*

## I. Introducción

A. *Esdras y su pueblo estaban en peligro*
   1. Experimentaron ansiedad junto al río Ahava.
   2. Tenían razones para temer por sus vidas.

B. *Todos pasamos por períodos preocupantes de peligro*
   1. Experimentamos ansiedad por causa de nuestros adversarios: Demonios, enfermedades, depresión.
   2. La ansiedad nos roba el gozo, la paz y la salud.

C. *¿A quién acudimos en momentos de peligro?*

## II. Cuerpo

A. *Esdras dirige a su pueblo en buscar a Dios (v. 21)*
   1. Los invita a un tiempo de ayuno y oración.
      a. Busca ayuda en este tiempo de peligro.
      b. Como el salmista, mira a los cielos (Sal. 121).
   2. Este fue un tiempo de oración agonizante.
      a. Sus vidas, hijos y posesiones se encontraban en peligro.
      b. Todo lo que era precioso para ello estaba en juego.
   3. Los héroes de la fe buscaron a Dios en momentos de desesperación.
      a. David dijo: "Tu rostro buscaré, oh Jehová" (Sal. 27:8).
      b. Isaías dijo: "Con mi alma te he deseado en la noche" (Is. 26:9).
      c. Daniel dijo: "Volví mi rostro a Dios el Señor, buscándole... en ayuno" (Dn. 9:3).
   4. Todos los que buscan a Dios intensa y sinceramente lo encuentran (Jer. 29:13).

B. *Esdras dirige a su pueblo a entregarse a Dios (v. 22)*
   1. La tentación es buscar la ayuda de seres humanos en vez de la de Dios.
      a. El rey pudo ayudarles.
      b. Los soldados pudieron haberlos librado.
   2. Pero en este caso, su testimonio acerca de Dios estaba en juego.
      a. Ellos le habían hablado al rey acerca del poder de Dios.
      b. Habían dado testimonio de la fidelidad de Dios en el pasado.
   3. Ellos eligieron arriesgarlo todo con Dios.
   4. ¿Se atrevería usted a hacer lo mismo?

      a. ¿Confiamos en Dios o en humanos cuando la situación es grave?

      b. ¿Espera que Dios actúe cuando lo necesita?

C. *Dios salvó a Esdras y al pueblo (v. 23)*

    1. Dios acude al encuentro de su pueblo allí donde ellos están.

      a. Él escucha sus oraciones como ha prometido hacerlo.

      b. Responde a sus corazones que buscan.

    2. Este texto representa nuestra salvación.

      a. Estamos en peligro debido a nuestro pecado.

      b. El temor dominaba nuestros corazones acerca del futuro.

      c. Buscamos al Señor y le encontramos por medio de la fe en su Hijo.

**III. Conclusión**

A. *¿Se ve a sí mismo metido en una situación de peligro?*

B. *Dios le ama y Él no le fallará cuando le necesita*

C. *Busque al Señor y su salvación hoy*

# UN POCO DE VIDA

*Esdras 9:8-9*

I. **Introducción**
   A. *Empieza repasando las bendiciones de Dios*
      1. Esdras empieza su oración con acción de gracias.
      2. Nos da un buen ejemplo a todos nosotros (Sal. 103).
   B. *Luego piensa en todo lo que Dios ha hecho*
      1. Esdras decide acentuar lo positivo.
      2. Lo hace a pesar de sus muchas pruebas y dificultades.
   C. *Esdras encontró un poco de vida*

II. **Cuerpo**
   A. *Esdras se enfocó en la gracia de Dios*
      1. "Y ahora por un breve momento ha habido misericordia".
      2. Esdras y su pueblo habían vivido en esclavitud.
         a. Habían vivido bajos las leyes de los que los habían desterrado.
         b. Había anhelado volver a su patria y ser libres.
         c. Esdras pudo haberse enfocado en las tristezas.
      3. La gracia permitió que un remanente regresara a su hogar, de modo que Esdras lo agradece.
      4. Nosotros también vivimos en un "breve momento de misericordia".
         a. Lo tenemos a pesar de nuestros pecados (Ro. 3:20-23).
         b. La gracia de Dios nos ofrece salvación (Ef. 2:8-9).
         c. Este momento de gracia se extiende desde la cruz hasta el regreso de Cristo.
      5. ¿Ha respondido usted en fe a esta oferta de gracia divina?
   B. *Esdras se enfocó en la fidelidad de Dios*
      1. "Para hacer que nos quedase un remanente libre".
         a. Se refiere al remanente que regresó a Jerusalén.
         b. El número era pequeño, pero significativo.
      2. Dios había preservado fielmente a su pueblo.
      3. Esdras encontró razones para regocijarse en este remanente.
         a. Podía haber llorado a causa de los que se negaron a ir con él.
         b. Eligió regocijarse con aquellos que respondieron al llamamiento de Dios.
         c. Nosotros nos enfrentamos a decisiones semejantes cada día. ¿Cómo vamos a responder?
      4. ¿Ha sido Dios fiel con usted?

5. ¿Hace su fidelidad que su corazón se sienta lleno de alabanza?

C. *Esdras se enfocó en la bondad de Dios*
   1. "A fin de alumbrar nuestro Dios nuestros ojos"
   2. Dios es la fuente de la luz y de la vida.
      a. "Dios es luz" (1 Jn. 1:5).
      b. Cristo es la luz del mundo (Jn. 8:12).
   3. A las fuerzas malignas se les llama "gobernadores de las tinieblas de este siglo" (Ef. 6:12).
   4. Dios es bueno para con nosotros y nos provee de liberación por medio de su Hijo (Col. 1:13).

III. **Conclusión**
   A. *Esdras encontró un poco de vida*
      1. Merece la pena encontrar un poco de vida.
      2. Un poco de vida puede crecer y aumentar.
   B. *Sigamos el ejemplo de Esdras y esperemos que empiece el avivamiento*

# LA RECONSTRUCCIÓN

*Nehemías 1; 2:17-20*

## I. Introducción

A. *¿Quién era Nehemías?*
  1. Fue contemporáneo de Esdras, otro reconstructor.
     a. Ambos vivieron hacia el final del destierro.
     b. Ambos estaban listos para regresar a casa
  2. Tres grupos regresaron: Bajo Zorobabel, Esdras y Nehemías.

B. *Nehemías fue el reconstructor*
  1. Le dolía en el alma que los muros de Jerusalén estuvieran derribados.
  2. Dejó una posición importante con el rey para reconstruir-los.
  3. Las iglesias necesitan ser reconstruidas después de la decadencia espiritual.
  4. Los creyentes necesitan ser reconstruidos después de la apostasía y la derrota.

C. *¿Cómo podemos reconstruir?*

## II. Cuerpo

A. *Podemos reconstruir mediante la oración (1:4-5)*
  1. "Toda gran obra de Dios tiene su origen en un creyentes que ora" (Moody).
  2. Nehemías llora, ayuna y ora.
     a. Alaba a Dios por su amor y poder.
     b. Clama a Dios para que le ayude a reconstruir.
  3. Los planes para la reconstrucción pueden fallar, pero la oración prevalece.
  4. La oración de fe pone el éxito dentro de nuestro alcance a pesar de los obstáculos.
  5. "El hijo de Dios debiera acudir a Aquel que puede calmar los mares" (C. H. Spurgeon).

B. *Podemos reconstruir mediante la confesión de pecado (1:6-11)*
  1. Nehemías confesó sus pecados y los de su pueblo.
     a. Note cuán específica fue su confesión (vv. 6-7).
     b. Los pecados que se confiesan son pecados perdonados (1 Jn. 1:9).
  2. La confesión de pecados es el resultado de la convicción del Espíritu Santo.
  3. La confesión de pecados elimina toda justicia propia

4. La confesión de pecado reconoce el amor y la gracia de Dios.
5. Al estar limpio de su pecado, Nehemías reclamó las promesas de Dios.
6. Al igual que Isaías después de su confesión, Nehemías estaba listo para servir (Is. 6:1-8).

C. *Podemos reconstruir por medio de una renovada dedicación (2:18-19)*
  1. "Levantémonos y edifiquemos".
     a. Este fue un compromiso vinculado a un reto.
     b. Este fue un compromiso que exigía de ellos lo mejor.
     c. Este fue un compromiso que no hizo caso de los que criticaban.
  2. Este puede que sea un buen momento para que usted renueve su compromiso con Cristo.
     a. ¿Ha fallado usted en cumplirlo en el pasado?
     b. Confiese ese fracaso y rededique su vida al Señor.

III. **Conclusión**
  A. *Cuando nuestros corazones están bien con Dios podemos reconstruir con confianza*
     1. "El Dios de los cielos, él nos prosperará" (2:20).
     2. Allí no había nadie que dudara; creyeron en Dios y siguieron adelante.
  B. *Dios siempre está listo para responder en toda ocasión*
  C. *¿Está usted listo para aceptar su invitación para reconstruir?*

# CELEBRE LAS FUENTES DE SU FORTALEZA

*Nehemías 8:10; Salmo 37:39; Isaías 30:15*

**I. Introducción**

   *A. Nehemías había llevado a su pueblo a una gran victoria*
   1. Los muros derribados de Jerusalén habían sido su preocupación.
   2. Ahora los muros estaban reconstruidos.
      a. Los israelitas habían superado sus temores.
      b. Habían vencido a sus adversarios.
      c. Su duro trabajo había quedado recompensado.
   *B. Esdras dirigió el culto de dedicación*
   1. Elevaron exclamaciones de alabanza al Señor (Neh. 8:6).
   2. El pueblo se sintió animado a celebrar.
      a. Les dijeron que estuvieran gozosos, no solemnes ni tristes.
      b. Tenían que celebrar la fuente de su fortaleza.
   *C. Nosotros debiéramos celebrar la fuente de nuestra fortaleza*

**II. Cuerpo**

   *A. El gozo del Señor es nuestra fortaleza (Neh. 8:10)*
   1. Nehemías y su pueblo se habían enfrentado a muchos obstáculos.
      a. Podían haberse desanimado.
      b. Podían haber negociado con sus enemigos.
   2. El gozo del Señor les fortaleció para seguir edificando.
   3. Debiéramos estar gozosos por el amor de Dios, por su gracia y salvación.
   4. El gozo del Señor renovará nuestra fortaleza cada día.
   *B. La presencia del Señor nos provee de fortaleza (Sal. 37:39)*
   1. "Él es su fortaleza en el tiempo de la angustia".
   2. Todos pasamos por tiempos de dificultad.
      a. "Así el hombre nace para la aflicción" (Job 5:7).
      b. "El hombre nacido de mujer, corto de días, y hastiado de sinsabores" (Job 14:1).
      c. "En el mundo tendréis aflicción" (Jn. 16:33).
   3. Los cristianos no se enfrentan a las dificultades solos.
      a. "He aquí yo estoy con vosotros todos los días" (Mt. 28:20).
      b. "No te desampararé, ni te dejaré" (He. 13:5).
   4. "Cuando las dificultades vencen a los impíos, a los justos solo logran empujarlos hacia su Ayudador, quien se regocija en sostenerlos" (C. H. Spurgeon).

   *C. Las promesas del Señor nos proporcionan fortaleza (Is. 30:15)*

     1. "En quietud y en confianza será vuestra fortaleza".

       a. Podemos descansar confiados en las promesas de Dios.

       b. Las promesas de Dios son como anclas fuertes en las tormentas de la vida.

     2. Las promesas de salvación, compañerismo, cielo y paz abundan en la Biblia.

     3. Las promesas de Dios nos proporcionan fortaleza en tiempos de espera (Is. 40:31).

     4. ¿Tiene usted una promesa de Dios que le dé fortaleza en tiempo de dificultad?

**III. Conclusión**

   *A. Celebremos nuestra fuente de fortaleza*

   *B. Celebremos a nuestro Salvador y su salvación*

     1. Los desalientos agotan nuestra fortaleza.

     2. La fe nos da victoria, nos capacita para vencer los desánimos y encontrar paz.

# DONES PARA LA IGLESIA

## I. Introducción

A. *Cristo ama a su iglesia*
1. Él es el que edifica la iglesia (Mt. 16:18).
2. Él compró la iglesia (Ef. 5:25).
3. Él da dones a la iglesia (Ef. 4:8).

B. *Cristo dio cinco grandes dones a la iglesia*
1. Dio apóstoles y profetas para establecer la iglesia (Ef. 2:20; 4:11).
2. Dio evangelistas, pastores y maestros para desarrollar la iglesia (4:11-12).
   a. Estas son nuestras preocupaciones hoy.
   b. ¿Cómo afectan a nuestra iglesia estos tres dones?

## II. Cuerpo

A. *Los evangelistas debieran aumentar e inspirar a la iglesia*
1. Felipe fue el primero en ser conocido como evangelista.
   a. Había sido nombrado diácono (Hch. 6:5).
   b. Lucas y Pablo dijeron que era un evangelista (Hch. 21:8).
2. Felipe, el evangelista, fue un ganador de almas (Hch. 8).
   a. Se había convertido en un predicador del evangelio (8:5-7).
   b. El Espíritu le dirigió a un pecador que buscaba (8:5-7).
   c. Llevó a Cristo a este pecador que buscaba (8:37-39).
3. Felipe fue un evangelista itinerante (8:40).
4. Los evangelistas ganan almas y motivan a los ganadores de almas.

B. *Los pastores debieran enriquecer y exhortar a la iglesia*
1. Los pastores deben dirigir a la iglesia como pastores.
   a. Deben dirigirla en el estudio bíblico (2 Ti. 2:15).
   b. Deben dirigirla en el evangelismo (2 Ti. 4:5)
   c. Deben dirigirla en la oración (1 Ti. 2:1-8).
2. Los pastores deben amar a la iglesia (1 Co. 13).
   a. Sin amor, la predicación solo es ruido.
   c. Sin amor, el liderazgo se convierte en dictadura.
   c. Sin amor, el aconsejamiento queda en una terapia inútil.
3. Los pastores deben exhortar a la iglesia (2 Ti. 4:2).
   a. Las personas están con frecuencia desanimadas por las circunstancias.

    b. Los pastores los exhortan (animan), los edifican.

C. *Los maestros debieran instruir y retar a la iglesia*

  1. La iglesia de Antioquía tenía muchos maestros (Hch. 13:1).

    a. No nos asombra, pues, que fuera una gran iglesia misionera.

    b. Los maestros amplían la visión y la comprensión de los creyentes.

  2. Los maestros también evangelizan y llevan a los creyentes a la madurez

    a. Moody fue llevado a Cristo por su maestro de la escuela dominical.

    b. Vea cuán lejos puede llegar el ministerio de un maestro.

  3. La iglesia que cuenta con maestros eficaces edifica miembros fuertes.

**III. Conclusión**

  A. *Cristo equipa a las iglesias para el crecimiento y el éxito*

  B. *Los dones que reciben las iglesias las capacitan para ministrar y trasformar el mundo a su alrededor*

# LA MUJER QUE NO PODEMOS OLVIDAR

*Mateo 26:6-13*

## I. Introducción
A. *Jesús paró en Betania en su camino hacia la cruz*
  1. Sucedió dos días antes de la Pascua, el tipo del Antiguo Testamento que habla de su sacrificio y muerte en la cruz.
  2. La traición de Judas y la crucifixión llegarían muy pronto.
B. *Jesús fue invitado a comer en la casa de Simón el leproso*
  1. María, Marta y Lázaro también estaban invitados (Jn. 12:1-2).
  2. El acto de devoción de María en aquel día ha servido para que sea recordada para siempre.
C. *María de Betania se ganó un lugar en la historia*

## II. Cuerpo
A. *Ella no permitió que otros la impidieran llegar a Cristo (v. 7)*
  1. "Vino a él una mujer".
  2. Había obstáculos que podían impedir que María llegara a Jesús.
     a. Se arriesgó otra vez a dejar todo el trabajo para Marta.
     b. No quería interferir entre Jesús y Lázaro.
     c. Podía haber temido lo que otros podían decir.
  3. Muchos se perderán el cielo a causa de otras personas.
     a. ¿Está usted permitiendo que otros le impidan acercarse a Cristo?
     b. ¿Hay hipócritas que son obstáculos en su camino a la salvación?
     c. ¿Ha sido ofendido alguna vez por algunos que dicen ser cristianos?
  4. María venció los obstáculos y acudió a Jesús.
  5. Siga su ejemplo y vaya a Cristo hoy mismo.
B. *Ella no limitó su consagración a Cristo (v. 7)*
  1. "Un vaso de alabastro de perfume de gran precio".
  2. Piense en los dones preciosos que Cristo nos ha dado.
     a. Derramó su "sangre preciosa" (1 P. 1:19).
     b. Nos ha dado "preciosas y grandísimas promesas" (2 P. 1:4).
  3. Los héroes de la fe no le negaron nada al Señor (He. 11).
  4. ¿Qué está usted negándole a Jesús?
     a. ¿Tiene usted temor de entregárselo todo?
     b. ¿Teme que la devoción total le cueste d emasiado?
  5. ¿Qué límites está poniendo a su dedicación a Cristo?

    C. *Ella no le prestó atención a las críticas sobre su devoción a Cristo (vv. 8-9)*
       1. "Porque esto podía haberse vendido a gran precio".
         a. Una crítica que la inició Judas (Jn. 12:4-6).
         b. Otros pueden quedar afectados por nuestros comentarios negativos.
       2. Los que critican siempre dicen tener razones honorables para hacerlo.
         a. Judas decía estar preocupado por los pobres.
         b. En realidad no estaba preocupado por ellos (Jn. 12:6).
       3. Olvídese de los que critican y sirva al Señor.

**III. Conclusión**
    A. *¿Qué tenía que ver el ungimiento de María con el evangelio (v. 12)?*
       1. El ungimiento hablaba de su muerte inminente.
       2. María creyó la profecía de Cristo sobre su muerte en la cruz (v. 2).
    B. *Dar a conocer el evangelio es la ofrenda más valiosa que le podemos dar a nuestro Señor*

# ÁNGELES LISTOS PARA SERVIR

*Comienza la serie sobre la cruz y la resurrección.*     Mateo 26:47-56

I. **Introducción**
   A. *El adversario y Judas aparecen asociados*
      1. Satanás entró en Judas para traicionar a Jesús (Lc. 22:3).
      2. La traición y arresto de Jesús tuvo lugar en Getsemaní.
      3. Jesús podía haber llamado a setenta y dos mil ángeles para que le ayudaran (Mt. 26:53).
   B. *Los ángeles y Jesús están asociados*
      1. Los ángeles están asociados con el nacimiento de Jesús (Lc. 1:26-37; 2:1-14).
      2. Los ángeles estuvieron presentes en las tentaciones de Jesús (Mt. 4:11).
      3. Los ángeles estuvieron presentes en la resurrección de Jesús (Mt. 28:1-7).
   C. *¿Por qué no llamó Jesús a los ángeles para que le libraran?*

II. **Cuerpo**
   A. *Las Escrituras tenían que cumplirse*
      1. La cruz era parte del plan eterno de Dios (1 P. 1:20).
      2. Las profecías sobre la cruz las encontramos a lo largo de la Biblia.
         a. Cada cordero de la Pascua representaba al Salvador sacrificado.
         b. David habló de la crucifixión (Sal. 22).
         c. Isaías describió los sufrimientos y muerte de Cristo (Is. 53).
         d. Zacarías escribió acerca de las heridas de Cristo en la cruz (Zac. 13:6).
      3. Aun la traición de Jesús fue profetizada (Sal. 55:13).
      4. Una interrupción angélica de la cruz nos hubiera dejado sin un Salvador.
   B. *El Salvador tenía que ser olvidado*
      1. Jesús habló repetidas veces de la traición que sufriría.
         a. "El Hijo del Hombre será entregado en manos de hombres" (Mt. 17:22).
         b. "Y le entregarán a los gentiles" (Mt. 20:19).
      2. Jesús le dijo a sus discípulos que ellos se olvidarían de Él (Mt. 26:56).
      3. Los profetas anunciaron que moriría solo, abandonado.
         a. David dijo: "Oprobio de los hombres, y despreciado del pueblo" (Sal. 22:6-8).

    b. Isaías dijo: "Como que escondimos de él el rostro, fue menospreciado" (Is. 53:3).

  4. Jesús tenía que ser aun abandonado por el Padre (Sal. 22:1; Mt. 27:46).

  5. Jesús tenía que ser abandonado a fin de que nosotros no fuéramos olvidados.

C. *Las almas tienen que ser liberadas de sus pecados*

  1. Si los ángeles hubieran intervenido no tendríamos el evangelio.

    a. Sin evangelio no habría salvación.

    b. Todos estaríamos perdidos, sin esperanza para siempre.

  2. El amor de Dios mantuvo a Cristo sobre la cruz (Ro. 5:8)

    a. No se llamó a los ángeles a fin de que nosotros pudiéramos ser salvos.

    b. Podemos ser limpiados porque los ángeles no fueron llamados.

**III. Conclusión**

A. *El llamamiento de Cristo es para los pecadores, no para los ángeles*

B. *¿Ha respondido usted a su llamamiento de salvación?*

  1. ¿Ha oído la voz de Dios en su corazón hablándole acerca de sus pecados?

  2. ¿Han estado otros hablándole acerca de estar en buena relación con Dios?

C. *¿Responderá usted hoy a su llamamiento?*

# LOS HUERTOS DEL EVANGELIO

*Serie sobre la cruz y la resurrección*  *Génesis 3:15*
*Mateo 26:36; Juan 19:41-42*

I. **Introducción**
   A. *Los huertos revelan el amor de Dios*
      1. La belleza de un huerto revela a un Diseñador amoroso.
      2. La abundancia de un huerto revela a un Proveedor amoroso.
   B. *Los huertos tuvieron un papel en el evangelio*
      1. El huerto del Edén fue el primero.
      2. Jesús fue traicionado en el huerto de Getsemaní.
      3. Jesús fue enterrado en el huerto de la tumba.
   C. *Podemos encontrar el evangelio en los huertos de Dios*

II. **Cuerpo**
   A. *El Salvador fue prometido en el huerto del Edén (Gn. 3:15)*
      1. Después de la creación, Dios plantó un huerto (2:8).
         a. Era un huerto de belleza (agradable a los ojos).
         b. Era un huerto de abundancia (bueno para comer).
      2. El huerto se convirtió en el hogar de Adán y Eva.
         a. Todas sus necesidades físicas se satisfacían en el huerto.
         b. Dios los buscó en el huerto para tener comunión.
      3. Había solo una limitación en el huerto: El árbol prohibido (v. 3).
      4. La desobediencia llevó a la tentación y a la caída (vv. 4-13).
      5. Dios hizo la promesa de la redención (v. 15).
      6. Cristo, el prometido, aplastaría la cabeza de la serpiente.
   B. *El huerto de Getsemaní dio cobijo al Salvador que oraba (Mt. 26:36)*
      1. El tiempo de aplastar la cabeza de la serpiente se acercaba (v. 2).
      2. Jesús entró en el huerto de Getsemaní para orar.
         a. Pedro, Juan y Santiago le acompañaron.
         b. La tristeza y angustia del Salvador se mostró en el huerto.
         c. Los ángeles acudieron para fortalecerle (Lc. 22:43).
         d. Grandes gotas de su sangre cayeron a tierra durante este tiempo de oración ferviente.
         e. ¡Cuán pobres parecen nuestras oraciones en comparación con la de Cristo!
      3. La oración más difícil es la de: "Hágase tu voluntad".

63

    4. ¿Ha estado usted dispuesto a hacer esa oración?

  *C. El huerto de la tumba fue donde se mostró el poder del Salvador (Jn. 19:41-42)*

    1. Aquí la crucifixión queda en el pasado.

      a. Cristo ha muerto por los pecadores: Por usted y por mí.

      b. Jesús queda depositado en la tumba de José en el huerto.

      c. Las escrituras han quedado cumplidas (Is. 53).

    2. La tumba en el huerto se convierte en la escena de la resurrección.

      a. La piedra que cerraba la tumba fue quitada (20:1).

      b. Los lienzos estaban allí, pero no Jesús (20:5).

    3. La muerte no pudo retener a nuestro poderoso Salvador.

**III. Conclusión**

  *A. Los huertos de Dios revelan a nuestro Salvador prometido, orante y poderoso*

  *B. ¿Confiará en Él para que le salve a usted hoy?*

  *C. ¿Permitirá usted que florezca su amor en el huerto de su corazón?*

# LA RESURRECCIÓN ANTES DEL AMANECER

*Serie sobre la cruz y la resurrección*                    *Juan 20:1-2*

I. **Introducción**
   A. *El día de la crucifixión fue el más oscuro de la tierra*
      1. Incluso el sol se había oscurecido.
      2. Imagínese la gran desesperación que invadió el corazón de los seguidores de Cristo.
      3. Se habían olvidado o dudado de su promesa de resucitar de los muertos.
   B. *Varias mujeres entristecidas se encaminaban a la tumba*
      1. Iban con especias aromáticas para ungir el cuerpo de Jesús.
      2. María Magdalena corrió y llegó a la tumba de primera antes del amanecer.
   C. *Podemos sacar algunas lecciones de la llegada temprana de María a la tumba*

II. **Cuerpo**
   A. *Debiéramos acudir a Cristo temprano (v. 1)*
      1. "El primer día de la semana, María Magdalena fue de mañana".
      2. ¿Por qué llegó María temprano?
         a. Su corazón quebrantado requería atención inmediata.
         b. Quería estar con Jesús cuanto antes.
      3. No hay ninguna razón para demorar ir a Cristo para recibir salvación.
         a. "He aquí ahora el tiempo aceptable; he aquí ahora el día de salvación" (2 Co. 6:2).
         b. Cuanto más esperamos, menos probable es que acudamos a Él (He. 3:13).
         c. Debiéramos hacer todo el esfuerzo necesario para alcanzar a las personas temprano en su vida (Mt. 19:14).
      4. Debiéramos ir temprano a Jesús para entregarle nuestras cargas (1 P. 5:7).
      5. Se desarrolla una vida devocional rica cuando buscamos a Jesús temprano (Sal. 63:1).
   B. *Debiéramos acudir a Jesús cuando todavía es oscuro (v. 1)*
      1. "Siendo aún oscuro".
      2. María Magdalena sabía mucho acerca de la oscuridad.
         a. Ella estuvo una vez dominada por los poderes de las tinieblas.
         b. Había estado poseída por siete demonios (Mr. 16:9).

3. Jesús había llevado a María a la luz.
   a. Él había echado siete demonios de ella, liberándola de su poder.
   b. María había aprendido que Jesús es la luz del mundo (Jn. 8:12).
   c. El evangelio nos lleva de las tinieblas a la luz (Hch. 26:28).
   d. Los que acuden a Jesús ya no caminan más en la oscuridad (1 P. 2:9).
4. No podemos escapar del poder de las tinieblas por nuestros propios medios.
5. Dios vendrá a nosotros en los días de oscuridad para llevarnos a la luz.

C. *Debiéramos acudir a Cristo a pesar de los obstáculos (v. 1)*
1. María pensaba que tendría que vencer grandes obstáculos para poder llegar a Cristo.
   a. La tumba la habían cerrado con una gran piedra.
   b. Habían sellado la tumba y estaba guardada por soldados romanos.
2. Siempre habrá obstáculos cuando queremos acercarnos a Jesús: Orgullo, temor, egoísmo, pecados favoritos, etc.
3. ¿Qué obstáculos le impiden a usted acudir a Cristo?

## III. Conclusión

A. *Los que acuden a Jesús encuentran que los obstáculos han sido quitados (v. 1)*
1. Un ángel había retirado la piedra de la tumba.
2. María encontró que la tumba estaba vacía; Cristo había resucitado.

B. *Los que encuentran a Cristo vivo debieran extender las buenas noticias (v. 2)*

# DEL TEMOR AL TRIUNFO EN EL DOMINGO DE RESURRECCIÓN

*Serie sobre la cruz y la resurrección*                    *Juan 20:11-18*

## I. Introducción

A. *Una mujer llora ante una tumba*
   1. Muchos han llorado ante las tumbas a lo largo de los siglos.
   2. Jesús lloró ante la tumba de Lázaro (Jn. 11:25).
B. *María estaba llorando ante una tumba vacía*
   1. La cruz y sus lágrimas ya habían pasado.
   2. María y las otras mujeres habían encontrado la tumba vacía.
   3. Cristo había resucitado de los muertos.
   4. Este era un momento de triunfo… no de temores.
C. *Un ángel pregunta: "Mujer, ¿por qué lloras?" (v. 13*

## II. Cuerpo

A. *María lloraba porque pensaba en lo peor (v. 13)*
   1. Ella dudó de la promesa del Señor.
      a. Jesús había prometido que resucitaría de los muertos (Jn. 2:19).
      b. Cuando dudamos de las promesas de Dios, nos vemos dominados por la ansiedad.
   2. María había ido a la tumba para ungir el cuerpo de Jesús.
      a. Había ido a la tumba para hacer el trabajo de un empleado de funeraria.
      b. Aun la tumba vacía no la había convencido de que Cristo estaba vivo.
   3. María creía ahora que habían robado el cuerpo de Jesús.
   4. María creía que sus enemigos eran más poderosos que su Amigo.
   5. Necesitamos dudar de nuestras dudas y creer nuestras creencias.
B. *María lloraba porque pensaba que estaba sola (v. 13)*
   1. María dudo de la presencia del Señor.
      a. "Porque se han llevado a mi Señor".
      b. "No sé dónde le han puesto".
   2. Es duro soportar la soledad.
      a. No nos sorprende que María estuviera llorando aquel primer domingo de Resurrección.
      b. Jesús estaba allí, pero María no se dio cuenta de ello.
   3. Los cristianos nunca están solos (He. 13:5).

      a. Nadie puede apartar a nuestro Señor de nosotros
         (Mt. 28:18-20).

      b. Nadie nos puede apartar de nuestro Señor
         (Ro. 8:38-39).

  C. *María lloraba porque pensaba que su vida había terminado*
     *(vv. 13-14)*

    1. Ella dudaba ahora del propósito del Señor para su vida.

      a. Todo había sido diferente desde que conoció a Jesús.

      b. Al fin había encontrado un propósito para vivir.

      c. Ahora que Él había muerto, ella pensaba que su vida
         había terminado.

    2. Jesús estuvo allí todo el tiempo.

      a. Estaba allí cuando María dudó.

      b. Estaba allí cuando María estaba desesperada.

    3. Jesús está aquí hoy para hablarle en sus dudas y
      desesperanzas.

**III. Conclusión**

  A. *Jesús habló con María e hizo desaparecer sus temores*
     *(vv. 15-17)*

  B. *Jesús sabe acerca de sus lágrimas y temores*

  C. *El Cristo viviente quiere darle a usted paz y propósito en la*
     *vida*

# EL CRISTO RESUCITADO DA PAZ

*Termina la serie sobre la cruz y la resurrección*     Juan 20:19-26

I. **Introducción**
  A. *Los humanos buscan la paz*
    1. Esa búsqueda ha continuado desde la caída en el Edén
    2. Los impíos no pueden encontrar la paz (Is. 57:21).
    3. En los últimos días se experimentará una falsa paz (1 T. 5:3).
  B. *Jesús promete paz*
    1. Isaías profetizó acerca de Cristo y le llamó Príncipe de paz (9:6).
    2. Jesús promete paz: "La paz os dejo, mi paz os doy" (Jn. 14:27).
  C. *El Cristo resucitado es la fuente de la paz*

II. **Cuerpo**
  A. *Podemos disfrutar de paz cuando tenemos temor (v. 19)*
    1. "Los discípulos estaba reunidos por miedo de los judíos".
    2. Este era un día para cantar con gozo, pero los discípulos estaban escondidos.
      a. Cristo había resucitado de la tumba. ¡Estaba vivo!
      b. La tumba estaba vacía; la promesa de la resurrección se había cumplido.
      c. Los ángeles habían retirado la piedra, mostrando el poder de Dios.
    3. Jesús se apareció a los discípulos cuando estos estaban asustados.
      a. Las puertas cerradas no pudieron separar a Jesús de aquellos que amaba.
      b. "Ninguna puerta puede cerrar el paso a Cristo" (Matthew Henry).
    4. Cuando Cristo llega Él habla de paz a corazones atemorizados.
    5. La fe en el Cristo crucificado y resucitado elimina nuestros temores.
  B. *Podemos gozar de paz cuando tenemos aprensión (vv. 20-21)*
    1. "Les mostró las manos y el costado"
      a. Estas eran las manos que habían sido clavadas a la cruz.
      b. Esta era la herida en el costado que había confirmado su muerte a los soldados.

2. Los discípulos que dudaron ahora estaban maravillados de que Cristo había resucitado.
   a. ¿Qué significaría esto para ellos?
   b. ¿Estarían ellos a la altura de las responsabilidades que esto les traería?
3. Jesús habla de paz a aquellos a los que iba a asignar la tarea de la evangelización mundial.
   a. "Como me envió el Padre, así también yo os envío"
   b. No irían solo con sus propios recursos, sino con el poder del Espíritu Santo.
   c. Podemos estar tranquilos en cuanto al poder que necesitamos para dar testimonio del Cristo resucitado.
C. *Podemos tener paz cuando nos sentimos solos (vv. 26-29)*
   1. "Y con ellos Tomás".
   2. Tomás se había perdido la primera visita de Cristo después de la resurrección.
      a. Había dudado de la palabra de los otros discípulos y ha quedado como el que "dudó".
      b. Ahora está reunido con los demás que sí creían, el único escéptico entre ellos.
      c. Tomás debió haberse sentido solo entre los que sí creían.
   3. Las puertas cerradas no pudieron impedir que Jesús despejara las dudas de Tomás.
   4. Jesús le llevó pruebas y paz al discípulo que se sentía solo: "No seas incrédulo".

III. **Conclusión**
   A. *¿Se siente esclavizado por el temor? Confíe en Cristo y tendrá paz*
   B. *¿Tiene aprensión acerca de servir? Confíe en Cristo y tendrá paz*
   C. *¿Se siente solo? Confíe en Cristo y nunca más se sentirá solo*

# HAGO NUEVAS TODAS LAS COSAS

*Apocalipsis 21:5*

**I. Introducción**
  A. *A Todos nos gustan las cosas nuevas*
  1. Esto es lo que hace que se mueva la economía.
      a. Las personas se aburren con las cosas viejas y compran las nuevas.
      b. Aun los anticuarios compran nuevas cosas viejas.
  2. Todo lo que compramos al final se hace viejo.
  B. *Dios hace las cosas nuevas*
  1. Descubrimos esto en el primero y último libros de la Biblia.
  2. La Biblia comienza y termina con un paraíso recién creado.
  C. *¿Cuáles son algunas de estas cosas nuevas?*

**II. Cuerpo**
  A. *Dios hace las cosas nuevas cuando recibimos a Cristo (Jn. 1:12)*
  1. Veamos las diferencias entre recibir a Cristo y tener una religión.
      a. La religión ofrece una serie de normas para cumplir.
      b. Cristo ofrece una nueva vida y el poder para vivirla.
  2. Un pecador va a Cristo por la fe y las cosas viejas pasan (2 Co. 5:17).
      a. Los pecados de esa persona quedan perdonados; ahora tiene un nuevo historial.
      b. Las cosas que la persona amaba antes ahora ha perdido interés en ellas.
  3. Recibir a Cristo nos proporciona una nueva naturaleza, nueva esperanza y un nuevo hogar celestial.
  4. El nuevo creyente tiene una nueva comprensión de las cosas espirituales.
  5. Cosas nuevas comienzan con el nuevo nacimiento (Jn. 3:1-5).
  B. *Dios hará que todas las cosas sean nuevas al regreso de Cristo (1 Ts. 4:16-17)*
  1. Todo será nuevo para los creyentes.
      a. Los muertos en Cristo resucitarán de sus tumbas.
      b. Tendrán cuerpos nuevos, como el Cristo resucitado (1 Jn. 3:2).
  2. Necesitamos cuerpos nuevos.

a. Estos viejos cuerpos se empiezan a deteriorar demasiado pronto.

b. Salimos de esta vida tal como entramos en ella: Sin dientes, sin pelo y todo arrugados.

3. Los cristianos que queden vivos serán arrebatados para estar con Cristo para siempre.

a. Estos afortunados cristianos nunca morirán (1 Co. 15:51).

b. Serán transformados en un instante para ser semejantes a Cristo (15:51-53).

4. El resultado final de todo esto será el reinado milenario de Cristo, un reinado de paz (Ap. 19—20).

C. *Dios hará todas las cosas nuevas cuando el universo sea renovado (Ap. 21:1-6)*

1. "Vi un cielo nuevo y una tierra nueva".

2. Este último paraíso será mejor que el primero.

3. La belleza de la tierra tal como la conocemos emociona al alma.

a. No obstante, hay señales de desastres naturales a lo largo de las edades.

b. La nueva tierra no tendrá las cicatrices que quedan por los efectos del pecado.

4. La nueva Jerusalén desciende del cielo (v. 2).

5. Hay una serie de maravillosos "no habrá" entre las nuevas cosas que vienen (v. 4).

**III. Conclusión**

A. *¿Es usted una criatura nueva por causa de haber recibido a Cristo?*

B. *¿Está usted listo para el regreso de Cristo?*

C. *¿Le llena de gozo la anticipación de estas cosas?*

# ALGUNAS COSAS NUNCA CAMBIAN

*Malaquías 3:6*

## I. Introducción
A. *Vivimos en un mundo cambiante*
  1. Las estaciones cambian; las tendencias del tiempo cambian.
  2. Las fronteras y nombres de las naciones cambian.
  3. Las formas de vivir cambian.
B. *Las personas también cambiamos*
  1. Cambiamos física y emocionalmente con las estaciones de la vida.
  2. Cambiamos en nuestras ideas, metas y convicciones.
C. *Puesto que Dios es inmutable, algunas cosas nunca cambian*

## II. Cuerpo
A. *La paga del pecado nunca cambia (Ro. 6:23)*
  1. "Porque la paga del pecado es muerte".
  2. "A pesar de la inflación, la paga del pecado permanece igual" (leído en un boletín de iglesia).
  3. Dios hizo una advertencia en el huerto del Edén: El pecado produce muerte.
    a. La mentira de Satanás fue: "No moriréis" (Gn. 3:4).
    b. El pecado trajo la muerte espiritual y al final también la muerte física.
    c. La muerte pasó a todos (Ro. 5:12-15; He. 9:27).
  4. Todo funeral y cementerio por el que pasamos nos confirma que la paga del pecado es muerte.
  5. El infierno al final de la vida del pecador nos confirma la paga del pecado.
  6. La muerte de Cristo pagó la deuda del pecado y libera a los creyentes de su paga.
B. *La ley de la cosecha nunca cambiará (Gá. 6:7-8)*
  1. Recogemos lo que sembramos.
  2. Es imposible sembrar pecado y recoger bendiciones.
  3. El tiempo de la recogida de la cosecha será tanto desalentador como delicioso.
    a. Los que sembraron para la carne segarán corrupción.
    b. Los que sembraron para el Espíritu segarán vida eterna.
  4. Cada día a lo largo de la vida vamos sembrando.
  5. ¿Qué cambios necesita usted hacer a la luz de la siega que viene?

C. *El amor de Dios nunca cambiará (Ro. 5:8)*
   1. "Dios muestra su amor para con nosotros, en que siendo aún pecadores, Cristo murió por nosotros".
   2. Esta es la más grande historia de amor que jamás se ha contado.
   3. "Cuando yo he pecado, Él me ha amado a mí. Cuando yo le he olvidado, Él me ha amado. Cuando en mis días en el pecado, le maldecía, Él me amó. Me amó antes de que yo naciera. Antes de que las estrellas empezaran a lucir, Él me amó. Y Él nunca ha cesado de amarme en todos estos años" (C. H. Spurgeon).
   4. La cruz demostró el amor de Dios.
      a. El don de Dios en su Hijo garantiza la vida eterna a los pecadores.
      b. No hay un amor más grande (Jn. 15:13).
   5. La gracia expresa el amor inmutable de Dios a los que creen en Cristo (Ef. 2:8-9).

**III.  Conclusión**
   A. *Estas verdades inmutables son transformadoras de la vida*
   B. *¿Acudirá usted como un pecador a este Salvador inmutable?*
   C. *¿Quién necesita ser cambiado hoy?*

# ESCOJA LA VIDA

*Deuteronomio 30:19-20*

## I. Introducción
   A. *Moisés da las instrucciones finales a su pueblo*
   1. Está a punto de terminar su vida y liderazgo.
   2. Les había dado muchas advertencias y promesas (Dt. 28—29).
   3. Ahora les invita a que tomen una decisión entre la vida y muerte: "Escoge, pues, la vida".
   B. *Todos nos enfrentamos a esta decisión de vida o muerte (v. 19)*
   1. "Nunca ha habido, desde la caía del hombre, más de un camino al cielo. Moisés hablaba de la misma forma de aceptación que Pablo tan claramente describió" (Matthew Henry).
   2. Rechazar a Cristo es escoger la muerte, lo que resulta en desesperación e infierno.
   3. Recibir a Cristo es escoger la vida, lo que resulta en felicidad y cielo.
   C. *Escoger la vida produce tres hijos felices*

## II. Cuerpo
   A. *La vida da a luz al amor (v. 20)*
   1. "Amando a Jehová tu Dios".
   2. Nosotros no somos capaces de amar a Dios hasta que no respondemos a su amor por nosotros.
      a. Somos amados a pesar de nuestros pecados (1 Jn. 4:10).
      b. La muerte de Cristo en la cruz prueba su amor (1 Jn. 4:10).
      c. La salvación es el resultado de acudir en fe a nuestro amado Señor (1 Jn. 4:19).
   3. Amar a Dios es entonces escoger la vida por medio de Aquel que nos ama.
   4. Dios nos habilita para amarle a Él y a otros (1 Jn. 4:11).
   5. ¿Ha tratado de amar a Dios y a otros sin primero responder a su amor?
   B. *El amor da a luz a la obediencia (v. 20)*
   1. "Atendiendo a su voz".
   2. Los hijos que aman a sus padres se deleitan en obedecerlos.
   3. Nosotros no podemos obedecer a Dios hasta que no somos sus hijos.

      a. No somos por naturaleza hijos de Dios, por eso necesitamos nacer de nuevo (Jn. 3:3).

      b. Jesús llamó a los fariseos hijos del diablo (Jn. 8:44).

      c. Llegamos a ser hijos de Dios al recibir a Cristo (Jn. 1:12).

   4. El desear hacer la voluntad de Dios es una de las primeras señales de ser un hijo de Dios.

      a. "Mis ovejas oyen mi voz, y yo las conozco, y me siguen" (Jn. 10:27).

      b. El clamor de Pablo era: "Señor, ¿qué quieres que yo haga?" (Hch. 9:6).

   5. ¿Ama usted a Dios y desea hacer su voluntad?

   6. La obediencia debiera ser el resultado natural de su salvación.

**C.** *La obediencia da a luz a las oportunidades*

   1. "Y siguiéndole a él" (v. 20).

      a. La obediencia a Cristo nos capacita para caminar cerca de Él.

      b. La obediencia trae gozo al servicio cristiano.

   2. "A fin de que habites sobre la tierra" (v. 20).

      a. Este era el plan de Dios para Israel y su promesa a Abraham.

      b. Dios tiene grandes planes para todos sus hijos; esos planes se desarrollan al obedecerle nosotros a Él.

**III. Conclusión**

  *A. ¿Ha hecho usted la elección que le lleva a amar a Dios?*

  *B. ¿Ha respondido al amor de Dios que le lleva a obedecerle?*

  *C. ¿Aprovecha usted toda oportunidad que se le presenta para servirle?*

# EL PARTIMIENTO DEL PAN

*Hechos 20:7*

## I. Introducción
A. *El día del Señor lo estaban observando en Troas*
  1. Pablo participó de la Cena del Señor con los creyentes.
  2. Este fue un culto para recordar y predicar.
    a. Solo una persona quedó dañada en el culto.
    b. Un hombre se durmió durante el sermón: ¡Tenga cuidado!
B. *¿Qué es lo que hay en la Cena del Señor que nos une a todos?*
C. *¿Quién es este Salvador que recordamos?*

## II. Cuerpo
A. *Recordamos a nuestro Salvador prometido*
  1. Cristo vino para cumplir las Escrituras.
  2. El Verbo (la Palabra) se hizo carne y habitó entre nosotros (Jn. 1:14).
    a. Cristo cumplió las Escrituras en su nacimiento.
    b. Cristo cumplió las Escrituras en su vida.
    c. Cristo cumplió las Escrituras en su muerte.
  3. Este es el Cristo del evangelio
    a. Cristo murió, fue sepultado y resucitó conforme a las Escrituras (1 Co. 15:3-4).
    b. La proclamación de este mensaje es la razón de la existencia de nuestra iglesia.
  4. Las ordenanzas de la iglesia son una representación del evangelio.
    a. Mediante la Cena del Señor recordamos la muerte de nuestro Señor.
    b. Mediante el bautismo damos testimonio de la sepultura y resurrección de nuestro Señor.
B. *Recordamos a nuestro Salvador quebrantado*
  1. Jesús fue un "varón de dolores, experimentado en quebranto" (Is. 53:3).
  2. Reflexionemos en los muchos dolores y quebrantos de Jesús:
    a. Fue rechazado por aquellos a los que vino a servir.
    b. Fue maldecido y perseguido.
    c. Fue traicionado por Judas.
  3. Aun hoy Él se duele al interceder por nosotros.
    a. Ve nuestros dolores y se identifica con ellos.

b. La compasión de Cristo no terminó en la cruz.

C. *Recordamos los sufrimientos de nuestro Salvador*

1. "Mas él herido fue por nuestras rebeliones, molido por nuestros pecados" (Is. 53:5).
2. Piense en la cruz y los sufrimientos de Cristo allí.
3. La cruz no fue una ocurrencia de última hora para Dios.
   a. Consciente del dolor y sufrimiento de la cruz, Cristo vino para salvarnos.
   b. ¿Quién puede entender esa clase de amor?
4. Cristo soportó el sufrimiento de la cruz a fin de que nosotros pudiéramos escapar el sufrimiento del infierno.

III. **Conclusión**

A. *Cristo fue nuestro sustituto*

1. "Jehová cargó en él el pecado de todos nosotros" (Is. 53:6).
2. Nosotros merecíamos la muerte, pero Jesús tomó nuestro lugar.
3. Cristo se hizo pecado por nosotros a fin de que nosotros fuéramos justificados para con Dios (2 Co. 5:21).

B. *¿Ha hecho usted personal el mensaje de la Cena del Señor?*

C. *¿Está usted dispuesto a hacerlo hoy?*

# PREGUNTAS DEL CORAZÓN DE DIOS

*Malaquías 1:1-8*

**I. Introducción**
   A. *¿Quién fue Malaquías y cuál fue su misión?*
      1. Fue el último de los profetas del Antiguo Testamento.
      2. Después de Malaquías hubieron cuatrocientos años de silencio.
   B. *El primer mensaje de Malaquías es acerca del amor de Dios (v. 1)*
      1. "Yo os he amado, dice Jehová".
      2. Dios siempre está extendiendo su mano de amor hacia los perdidos y a los que se alejan de Él.
   C. *Malaquías plantea preguntas de parte de Dios ante de que cesara la voz profética*

**II. Cuerpo**
   A. *"Si, pues, soy yo padre, ¿dónde está mi honra?" (v. 6)*
      1. "Padre", ¡qué palabra tan preciosa!
         a. Un padre ama y provee.
         b. Un padre permanece fiel cuando otros le abandonan.
         c. Los hijos sufren cuando no hay padre en el hogar.
      2. ¿Cómo es Dios nuestro padre?
         a. Pablo en el Areópago dijo que "linaje suyo somos" por medio de la creación (Hch. 17:28).
         b. No todos son hijos espirituales (Jn. 8:44).
         c. Llegamos a ser hijos espirituales de Dios cuando recibimos a Cristo (Jn. 1:12).
      3. Honramos a nuestro Padre celestial al honrar a su Hijo (Jn. 5:23).
      4. Debemos honrar a nuestro Padre con nuestras vidas, no solo con nuestros labios (Mr. 7:6).
      5. Podemos honrar a nuestro Padre con nuestros bienes (Pr. 3:9; Mal. 3:10).
   B. *"Si soy señor, ¿dónde está mi temor?" (v. 6)*
      1. "Señor" es una palabra de dedicación, una palabra de discípulo.
      2. "Temor" habla de respeto, reverencia, rendición.
      3. Los discípulos siguieron a Jesús y le llamaron "Maestro" y Señor".
         a. Al seguir a Jesús revelamos que le reconocemos como nuestro Maestro.
         b. Le seguimos porque le respetamos y le reverenciamos.

4. Pablo se llamaba a sí mismo "siervo de Jesucristo" (Ro. 1:1).
5. ¿Quién es su Maestro y Señor? ¿A quién sirve usted?

C. *Cuando ofrecéis el animal ciego para el sacrificio, ¿no es malo? (v. 8)*
1. Los sacerdotes estaban contaminando el altar con sacrificios inferiores.
   a. Estaba ofreciendo animales cojos, ciegos y enfermos.
   b. Estos no eran verdaderos sacrificios en ningún sentido.
2. Lo más grave es que no representaban la venida del Cordero perfecto de Dios.
3. "Es evidente que no entendían el verdaderos sentido de los sacrificios, como una demostración del Cordero sin mancha de Dios" (Matthew Henry).
4. Cristo iba a ser el Cordero sin mancha de Dios que derramaba su sangre por nosotros (1 P. 1:19).
5. Dios nos ha dado lo mejor que tenía, nosotros también debiéramos darle lo mejor a Él.

III. **Conclusión**
A. *Estas tres preguntas todavía nos llegan desde el trono de Dios*
B. *Nos revelan tanto la compasión como la santidad de Dios*
C. *¿Cuál es su respuesta a estas preguntas que surgen del corazón de Dios?*
   1. ¿Responderá usted con un corazón quebrantado por el pecado?
   2. ¿Se presentará a sí mismo a nuestro buen Padre celestial como un sacrificio vivo? (Ro. 12:1-2).

# UNA MUJER INVALORABLE

*Día de la madre*                    *Proverbios 31:10-31*

## I. Introducción

A. *Cuán apropiado es honrar a las madres*
   1. La maternidad fue coronada con la aprobación divina en el Edén (Gn. 1:28).
   2. Jesús escogió nacer de una mujer (Lc. 1:30-35; Gá. 4:4-5).

B. *Se le ofrece a un rey consejo sobre cómo escoger esposa*
   1. Que escoja una mujer virtuosa.
   2. Que escoja una mujer que sea una esposa y madre invalorable.

C. *¿Quién es esta mujer invalorable?*

## II. Cuerpo

A. *Es una mujer fiel (vv. 11-19)*
   1. Es fiel a su marido.
      a. Él sabe que puede confiar en ella (v. 11).
      b. La meta de su vida es hacer bien a su esposo (v. 12).
   2. Es fiel en sus tareas diarias (vv. 13-14).
      a. Es digna de confianza.
      b. Se esmera y se esfuerza en su trabajo.
   3. Administra bien su tiempo para beneficio de su familia (vv. 15-19).
      a. Se levanta temprano y se preocupa por su hogar y familia.
      b. "Se esmera en sus deberes y le gusta hacerlo" (Matthew Henry).

B. *Es una mujer que cuida de los demás (vv. 20-25)*
   1. Se interesa por los pobres.
   2. Echa una mano a los necesitados (los sirve y los ayuda).
   3. Se prepara para las necesidades futuras que pueda tener su familia.
      a. Se asegura de que sus hijos tengan ropas para el invierno
      b. Procura que su hogar sea un lugar atractivo donde vivir.
   4. Se preocupa de la reputación de su esposo.
      a. Es respetado por los demás debido a los esfuerzos de ella.
      b. Es tenido en gran estima porque ha sabido escoger a una esposa buena.

81

C. *Es una mujer sabia (vv. 26-27)*
  1. "Abre su boca con sabiduría".
    a. "El principio de la sabiduría es el temor de Jehová" (Sal. 111:10).
    b. "El temor de Jehová es enseñanza de sabiduría" (Pr. 15:33).
  2. Aquí tenemos a una mujer que confía en Dios e instruye a su familia a hacer lo mismo.
  3. Esta mujer sabia tiene una boca llena de alabanza.
    a. "Siempre será sabio alabar a nuestro glorioso Salvador" (C. H. Spurgeon).
    b. Ella sabiamente encuentra razones para alabar mientras otras mujeres hacen malos gestos.
  4. La bondad y la amabilidad fluyen de los labios de esta mujer sabia.
    a. "La ley de la clemencia está en su lengua".
    b. Es amable con su esposo, con sus hijos y con otros.

III. **Conclusión**
  A. *Hay recompensas valiosas para una mujer invalorable (v. 28)*
    a. Se levantan sus hijos y dan gracias por ella.
    b. Su esposo también la alaba.
  B. *Las mujeres de fe cosechan las bendiciones de Dios (vv. 30-31)*

# LA FE CONTAGIOSA DE UNA MADRE

*Día de la madre*                                    *2 Timoteo 1:5*

**I. Introducción**
  A. *La fe de las madres ha cambiado el curso de la historia*
   1. La madre de Moisés salvó la vida del gran libertador.
   2. Ana dedicó a su hijo Samuel al Señor antes de su naci-
      miento.
   3. La madre de Juan y Carlos Wesley dio a luz un aviva-
      miento.
  B. *¿Quién fue la madre de Eunice?*
   1. Su nombre no es un nombre bíblico familiar para la
      mayoría: Loida.
   2. Loida comunicó su fe a su hija Eunice.
   3. Eunice contagió su fe a su hijo Timoteo, el cual fue una
      bendición para Pablo.
  C. *Las madres fieles empiezan una reacción de fe en cadena*

**II. Cuerpo**
  A. *La fe de una madre se puede extender a sus hijos*
   1. No sabemos cuándo llegó Loida a la fe en Cristo.
   2. Lo que sabemos es que oyó acerca de Cristo y confió en
      Él como Salvador.
      a. Ella comprendió que era una pecadora.
      b. Entendió el concepto de la gracia.
      c. Respondió en fe al amor de Dios.
   3. Sabemos que su fe era genuina (no fingida).
   4. Sabemos que comunicó la fe a su hija.
   5. Eunice vio a Cristo en su madre y creyó.
   6. ¿Qué está usted haciendo para ganar a sus hijos para
      Cristo?
  B. *La fe de una madre se puede extender a sus nietos*
   1. Eunice dio a luz a Timoteo.
      a. Sin duda alguna Loida y Eunice tenían grandes espe-
         ranzas en Timoteo cuando este nació.
      b. El nombre que Eunice puso a su hijo significa "honrar
         a Dios".
   2. ¿Cómo llevaron estas dos mujeres al joven Timoteo a
      Cristo?
      a. Lo hicieron demostrando fe genuina en sus vidas.
      b. Lo hicieron mediante sus oraciones, ejemplo y ense-
         ñanza.
      c. Esa es todavía la manera como alcanzamos para Cristo
         a los que amamos.

3. Los abuelos son personas especiales para los nietos.
4. Loida y Eunice lograron llevar a Timoteo a Cristo.
5. Pablo fue la respuesta de Dios a sus oraciones para llevar a Timoteo a la fe en Cristo.

C. *La fe de una madre puede extenderse a futuras generaciones*
1. Timoteo se convirtió en el compañero de Pablo en el ministerio.
   a. Las cartas de Pablo a Timoteo todavía extienden la fe.
   b. Timoteo predicó en Berea, esparciendo la fe.
   c. Timoteo predicó en Corinto y Macedonia, esparciendo la fe.
   d. Timoteo predicó en Éfeso y Roma, esparciendo la fe.
2. Por medio de la vida de Timoteo, Loida todavía sigue extendiendo hoy la fe.
   a. ¡Qué pensamiento tan emocionante para toda madre y abuela!
   b. La influencia de una madre cristiana es ilimitada.

III. **Conclusión**
   A. *¿Qué parte tuvo su madre en su salvación?*
   B. *¿Está usted esparciendo activamente la fe de su madre a otros?*

# ¿QUÉ HACE UN MISIONERO?

*Romanos 10:14-15*

## I. Introducción

A. *Este texto explora un gran capítulo misionero*
1. Pablo deseaba la salvación de Israel (v. 1).
2. El texto de hoy es para los ganadores de almas (vv. 9-13).

B. *Estas preguntas recalcan la urgencia de las misiones*
1. ¿Cómo, pues, invocarán?
2. ¿Cómo creerán?
3. ¿Cómo oirán?

C. *La estrategia de las misiones en enviar y hablar (v. 15)*

D. *¿Qué hacen estos que son enviados?*

## II. Cuerpo

A. *Los misioneros viajan (v. 15)*
1. "¡Cuán hermosos son los pies!"
   a. Nuestros pies nos capacitan para viajar.
   b. Nos llevan al otro lado de la calle o alrededor del mundo.
2. El trabajo misionero consiste en ir
   a. "Id, y haced discípulos a todas las naciones" (Mt. 28:18-20).
   b. "Id por todo el mundo y predicad el evangelio" (Mr. 16:15).
   c. "Me seréis testigos" (Hch. 1:8).
3. La obra misionera demanda una visión mundial.
4. La obra misionera es una invitación a interesarnos por las almas perdidas.

B. *Los misioneros hablan (v. 15)*
1. "De los que anuncian".
2. Los misioneros hablan a las personas.
   a. Hablan con las personas en las situaciones reales de la vida (contacto diario).
   b. Hablan con las personas acerca de asuntos físicos y espirituales.
3. Los misioneros trabajan en algo más que compilar estadísticas.
4. La obra misionera tiene que ver con amar a las personas.
   a. Es relacionarse con las personas allí donde están.
   b. Es ver a las personas tal como Dios las ve.
5. La obra misionera tiene que ver con hablar a las personas acerca de Cristo.

C. *Los misioneros transforman vidas con el evangelio (v. 15)*
  1. "De los que anuncian buenas nuevas".
  2. Los misioneros tienen un mensaje que cambia a las personas.
    a. Es un mensaje para corazones en dificultades.
    b. Es un mensaje que lleva a la paz con Dios.
    c. Es un mensaje que trae paz interna.
  3. Este mensaje es el evangelio; la entrega de cualquier otro mensaje no es trabajo misionero.

**III. Conclusión**
  A. *¿Qué es el evangelio? (1 Co. 15:3-4)*
    1. Cristo murió por nuestros pecados conforme a las Escrituras.
    2. Cristo fue sepultado y resucitó conforme a las Escrituras.
  B. *El evangelio es buenas noticias acerca del don de la vida eterna*
  C. *¿Ha recibido usted este don? ¿Está usted dando a conocer las buenas noticias?*

# UNA ORACIÓN POR AVIVAMIENTO

*Habacuc 3:2*

## I. Introducción

A. *Algunos vieron a Habacuc como un profeta de juicio*
1. Él profetizó el juicio de Dios por medio de los caldeos (cap. 1).
2. Profetizó también el juicio de Dios sobre los caldeos (cap. 2).

B. *Habacuc declaró el peligro y las consecuencias del pecado*

C. *Habacuc oró por avivamiento (3:2)*
1. Este profeta oró por avivamiento en un tiempo difícil.
2. Examinemos esta oración tan conmovedora.

## II. Cuerpo

A. *Es una oración que brota del temor*
1. "Oh Jehová, he oído tu palabra, y temí".
2. Habacuc vio que el juicio de Dios venía sobre su pueblo.
   a. Sus pecados se acumulaban y demandaban juicio.
   b. Los caldeos iban a ser instrumentos de Dios para juicio.
3. El pecado siempre trae graves consecuencias: "La paga del pecado es muerte" (Ro. 6:23).
4. La cruz declara la seriedad del pecado.
5. ¿Hay pecados en nuestras vidas que pueden traernos juicio?
   a. Considere la violencia y la inmoralidad que hay por todas partes.
   b. Piense en cómo ve Dios la tragedia de la injusticia social y las mentiras de los gobernantes.
6. ¿Estamos lo suficientemente preocupados por nuestros pecados como para orar por avivamiento?
7. ¿Qué recibiremos: Avivamiento o juicio?

B. *Es una oración solicitando avivamiento*
1. "Oh Jehová, aviva tu obra".
2. Habacuc ve el avivamiento como su única esperanza.
   a. Él cree que el avivamiento debe venir de Dios.
   b. Suplica por la convicción de pecado que trae el Espíritu Santo.
   c. Clama pidiendo que las personas se arrepientan... se vuelvan a Dios.
3. Habacuc ora pidiendo que el avivamiento llegue a tiempo.
   a. "En medio de los tiempos".
   b. Ve que ya ha empezado la cuenta regresiva del juicio.

4. Oremos con fervor y urgencia por avivamiento.
5. Quiera Dios despertar en nosotros la importancia del avivamiento en nuestro tiempo.

C. *Es una oración relacionada con la ira de Dios*
   1. Note la preocupación de Habacuc: "En la ira acuérdate de la misericordia".
      a. Ve que se acerca la ira de Dios.
      b. Escucha la marcha de los soldados caldeos.
      c. Teme las consecuencias del juicio divino.
   2. La ira de Dios es tan real hoy como lo fue en el tiempo de Habacuc (Ro. 1:18).
   3. Esto debiera despertarnos y advertirnos a nosotros hoy.

III. **Conclusión**
   A. *Habacuc considera la misericordia divina como su única esperanza*
      1. La misericordia de Dios es nuestra única esperanza... y Dios es misericordioso.
      2. El evangelio anuncia que hay misericordia para todos.
   B. *¿Responderá usted a tiempo a la misericordia de Dios?*

# DIOS QUIERE SU CUERPO

*Día de los héroes de la patria*                    *Romanos 12:1*

## I. Introducción

A. *Este texto es una súplica apasionada de parte de Pablo*
1. "Así que, hermanos, os ruego".
   a. "Os suplico, por favor" (Wuest).
   b. Pablo suplica a sus lectores que presenten sus cuerpos a Dios.
2. "Por las misericordias de Dios".
   a. El llamamiento audaz de Pablo estaba basado en todo lo que antes había dicho.
   b. Las misericordias de Dios debieran movernos a responder a este llamamiento.

B. *¿Cómo sabemos que Dios está interesado en nuestros cuerpos?*

## II. Cuerpo

A. *Consideremos la creación de nuestro cuerpo (Gn. 2:7, 21-22)*
1. Es la gran obra de la creación.
   a. Dios habla y la luz aparece.
   b. Dios habla y la tierra y los mares son formados.
   c. Dios habla y la tierra se hace fructífera y se puebla de animales.
2. La creación del hombre fue diferente.
   a. El hombre fue creado del polvo de la tierra.
   b. Fue objeto del cuidado especial del Creador, porque era su obra de arte.
3. Dios usó una costilla de Adán para crear a la mujer.
4. Las características de nuestros cuerpos fueron diseñadas para cumplir el plan de Dios.
5. Cristo escogió un cuerpo como su instrumento para la redención.

B. *Debiéramos prestar atención al cuidado de nuestros cuerpos (1 Co. 6:19-20)*
1. El cuerpo del cristiano es templo de Dios.
   a. Esto demanda el respeto y el cuidado de nuestro cuerpo.
   b. El cuerpo del creyente le pertenece al Señor.
2. Algunos están más preocupados por el cuidado del edificio de la iglesia que por el de sus propios cuerpos.
   a. Los edificios de iglesia son lugares de reunión.

    b. "Nuestros cuerpos son la morada de nuestro Dios" (A. W. Tozer).

3. Esto debiera determinar cómo alimentamos y cómo cuidamos de ellos.

4. Somos salvos por gracia, pero podemos acortar nuestras vidas por la manera en que tratamos a nuestros cuerpos.

    a. El tabaco no nos va a enviar al infierno, pero puede dañar nuestros cuerpos.

    b. El alcohol no nos va a enviar al infierno, pero puede arruinar nuestra salud.

    c. La glotonería no nos va a enviar al infierno, pero mata a muchas personas.

C. *Esperamos la futura resurrección de nuestros cuerpos (1 Co. 15:51-52)*

1. Dios hará que nuestros cuerpos salgan de las tumbas.

2. Cristo salió corporalmente de la tumba para garantizar nuestra resurrección.

3. La tumba de un cristiano es un lugar de anticipación.

4. En la resurrección seremos semejantes a Jesús (1 Jn. 3).

**III. Conclusión**

A. *Pablo nos insta a presentar nuestros cuerpos a Cristo en sacrificio vivo*

1. Esta es una invitación a una rendición total.

2. Estamos llamados a mantener nuestros cuerpos moralmente limpios.

B. *Debemos considerar nuestros cuerpos como santos y aceptables a Dios*

C. *Presentar nuestros cuerpos a Dios es lo mejor y más sabio que podemos hacer*

# RECORDEMOS LOS SACRIFICIOS DE AMOR

*Día de los héroes de la patria*               *1 Crónicas 11:15-19*

**I. Introducción**
  A. *El Día de los Héroes de la Patria es un tiempo para recordar*
    1. Recordemos a aquellos que se sacrificaron para que nosotros fuéramos libres.
    2. Recordemos a los que se sacrificaron para criarnos a nosotros.
      a. Recordemos los sacrificios para alimentarnos y vestirnos a nosotros.
      b. Recordemos los sacrificios para protegernos y educarnos.
    3. Estos son todos sacrificios de amor.
  B. *Recordemos a David y a sus valientes*
    1. Estos hombres fueron leales en protegerle de Saúl.
    2. Estuvieron dispuestos a dar su vida por él.
    3. Tres capitanes visitaron a David cuando se andaba escondiendo de los soldados de Saúl.

**II. Cuerpo**
  A. *David deseaba agua del pozo de Belén (v. 17)*
    1. Belén era el pueblo natal de David.
      a. Había pastoreado ovejas en las colinas de aquel lugar.
      b. Allí en donde fue ungido rey por Samuel.
    2. Los recuerdos nos motivan poderosamente.
      a. David recordaba el agua del pozo de Belén.
      b. Anhelaba disfrutar de nuevos de las cosas de casa.
      c. "¡Quién me diera de beber de las aguas del pozo de Belén!"
    3. ¿Anhela usted disfrutar de nuevo de tiempos mejores?
    4. ¿Tiene sed de que regresen los mejores días?
  B. *Los hombres de David estuvieron dispuestos a arriesgarse por complacerle (v. 18)*
    1. Belén estaba ocupado por los enemigos de David.
    2. Tres de los capitanes de David salieron para ir a buscar el agua.
      a. Pusieron sus vidas en peligro.
      b. Pasaron a través de las líneas enemigas.
      c. Le llevaron el agua a David del pozo de Belén.
    3. Jesús pasó a través de las líneas enemigas para traernos el agua de vida.
      a. Su muerte y resurrección nos proveen del agua de vida.

      b. Se nos ofrece agua refrescante del pozo de Belén.
    4. Debiéramos recordar a los que se sacrificaron para que nosotros pudiéramos vivir y ser libres.
    5. Estamos en deuda con aquellos que hicieron sacrificios de amor.

  *C. La devoción de David le llevó a hacer un sacrificio de amor (vv. 18-19)*
    1. David no pudo beber el agua que le llevaron.
      a. Recordó el costo y la derramó sobre el suelo.
      b. Le pareció a él que aquella agua era equivalente al precio de sangre.
      c. El sacrificio de sus capitanes le llevó a hacer un sacrificio.
    2. ¿Le conmueven a usted los recuerdos de sacrificios de amor?
    3. ¿En qué le afecta a usted el recuerdo del sacrificio de amor de Cristo?

**III. Conclusión**
  *A. El recuerdo de los sacrificios de amor debiera cambiarnos*
    1. ¿Seremos diferentes porque hemos parado a recordar?
    2. ¿Valoraremos más la salvación y la libertad que disfrutamos?
  *B. ¿Qué sacrificios de amor debieran aparecer ahora en nuestras vidas?*

# LA NOCHE DE TERROR

Daniel 5

## I. Introducción

A. *Era un tiempo de fiesta en Babilonia*
1. El rey Belsasar planeó un banquete que todos recordaran.
2. El gran salón de fiestas estaba lleno de los personajes más importantes de Babilonia.
   a. Los príncipes del rey, sus ministros y capitanes con sus esposas y concubinas estaba allí.
   b. El vino corría libremente, dando lugar a la irreverencia y a lo vergonzoso.

B. *La fiesta de Belsasar pasó del libertinaje al lamento*
1. La mano que escribió los Diez Mandamientos escribió en la pared del rey.
2. Llamaron a Daniel para que interpretara el mensaje. Él conocía la escritura de su Padre.
3. El estado de ánimo cambió de fiesta y alegría a temor, de parranda a remordimientos.
4. Esta sería la última noche de Belsasar en la tierra.

C. *Todo cambió de una noche de triunfo en una noche de terror*

## II. Cuerpo

A. *Fue el terror de un vida desperdiciada (vv. 17-24)*
1. Belsasar había vivido toda su vida sin estar en buena relación con Dios.
2. Él sabía lo que sucedió con Nabucodonosor y había oído su advertencia (Dn. 4).
   a. Nabucodonosor fue humillado por Dios hasta que arrepentido se volvió a Él.
   b. La advertencia fue: "Él puede humillar a los que andan con soberbia" (Dn. 4:37).
3. Belsasar había invertido su vida en cosas que perecen y ahora se enfrentaba a la eternidad con las manos vacía.
4. Tuvo tiempo para el placer, para los negocios, pero no para Dios. ¡Qué triste!
5. "Porque, ¿qué aprovechará al hombre si ganare todo el mundo, y perdiere su alma?" (Mr. 8:36).

B. *Fue el terror de la ira de Dios (vv. 25-28)*
1. "Pesado has sido en balanza, y fuiste hallado falto" (Dn. 5:27).
2. La paciencia de Dios se había agotado.

    a. El reino de Belsasar llegaba a su fin; aquella misma noche terminaría todo.

    b. El pecado tarde o temprano nos alcanza, como sucedió con Belsasar.

  3. Moisés escribió acerca de la ira de Dios (Dt. 9:19-20).

  4. Pablo escribió acerca de la ira de Dios (Ro. 1:18).

  5. Juan escribió acerca de la ira de Dios (Jn. 3:36; Ap. 14:19-20).

  6. ¿Cómo podemos escapar de la ira de Dios?

    a. Acuda a Cristo quien sufrió el castigo de nuestros pecados en la cruz.

    b. Los que ponen su fe en el Hijo de Dios quedan libres de la ira de Dios.

**C.** *Fue el terror de la muerte del pecador (v. 30)*

  1. La muerte era lo que estaba más lejos de la mente de Belsasar cuando comenzó la fiesta.

    a. Esa había sido una noche para bailar y beber, no para pensar en la muerte.

    b. Pero la muerte iba de camino hacia la fiesta de Belsasar y llegó aquella noche.

  2. "La misma noche fue muerto Belsasar, rey de los caldeos" (5:30).

  3. La muerte va de camino hacia su casa y la mía (He. 9:27).

    a. Aun los reyes y personas más exitosas de la tierra se enfrentan a la muerte y tienen que dejarlo todo aquí.

    b. Hay terror en tener que enfrentarse a la muerte sin estar preparado para el cielo y destinado para el infierno.

**III. Conclusión**

**A.** *Jesús murió y resucitó a fin de ofrecernos la salvación a todos*

**B.** *Confiar en Jesús proporciona propósito para la vida y seguridad para el cielo*

**C.** *¿No ha estado ya suficiente tiempo en el camino hacia el infierno?*

# ENOC: EL PREDICADOR CON UN MENSAJE

*Judas 14-15*

## I. Introducción
A. *Aquí encontramos algunos hechos interesantes sobre Enoc*
   1. Caminó con Dios (Gn. 5:24).
   2. No murió (Gn. 5:24; He. 11:5).
   3. Era un profeta y predicador (Jud. 14-15).
   4. Será martirizado durante la tribulación (Ap. 11).
B. *¿Cuál fue el mensaje de Enoc?*
   1. Fue un mensaje sobre la segunda venida de Cristo.
   2. Fue un mensaje acerca de la seriedad del pecado.
   3. Fue un mensaje acerca de juicio divino sobre hablar impíamente.
   4. Fue un mensaje por un hombre que practicaba lo que predicaba.
C. *Enoc predicó un mensaje oportuno*

## II. Cuerpo
A. *Fue un buen mensaje para el tiempo de Enoc*
   1. Enoc vivió durante el tiempo de impiedad antes del diluvio.
      a. La violencia era creciente; las nubes de la tormenta del juicio se estaban acumulando.
      b. La impiedad era común, y el mensaje tenía que ver con este problema.
   2. Enoc continuó caminando con Dios y fue bendecido.
      a. Su hijo Matusalén vivió 969 años.
      b. Su nieto Noé encontró gracia ante Dios y salvó a la raza humana.
   3. El mensaje de Enoc no fue popular entre sus contemporáneos.
B. *Será un buen mensaje para el tiempo de la tribulación (Ap. 11)*
   1. La tribulación comenzará después del arrebatamiento de la iglesia.
      a. Este será el tiempo más terrible de la tierra (Mt. 24:21).
      b. Será un tiempo de maldad, violencia y sacrilegio.
   2. Dos profetas llegarán a la escena para predicar y hablar de juicio.
      a. Elías y Enoc volverán para predicar y morir.
      b. Los dos que se libraron de la muerte la experimentarán después (He. 9:27).

95

    c. Solo la iglesia arrebatada se escapará de la muerte (1 Co. 15:51-52).

  3. Vea cuán apropiado será el mensaje de Enoc para la tribulación (Jud. 14-15).

    a. Anuncia la segunda venida de Cristo con su iglesia.

    b. Advierte que la venida de Cristo traerá juicio para los pecadores.

    c. Nos habla del gobierno de Cristo al establecer su reino.

*C. Es un mensaje de Dios para nuestro tiempo*

  1. Necesitamos hacer hincapié en el mensaje descuidado del regreso de Cristo.

    a. Este mensaje agrega urgencia a la predicación del evangelio.

    b. Este mensaje purifica las vidas de los creyentes (1 Jn. 3:2).

  2. Como Enoc, necesitamos recalcar la seriedad del pecado.

  3. En una época de flojera moral, necesitamos hacer conscientes a las personas de la santidad de Dios.

**III. Conclusión**

  *A. El mensaje poderoso de Enoc surgió como resultado de caminar con Dios*

    1. ¡Qué grandes cosas aprendió Noe al caminar con Dios!

    2. Su comunión con el Señor le llevó a ser un hombre que iba por delante de su época.

  *B. Debemos caminar con Dios a fin de alcanzar a las personas de nuestro tiempo*

# CINCO PALABRAS QUE CAMBIAN LA VIDA

*Isaías 6:1-8*

**I** **Introducción**
  A. *Millones de cristianos viven por debajo de sus posibilidades*
    1. Están atrapados en surcos de rutinas inalterables.
    2. Están muy ocupados, pero sienten que sus vidas son estériles.
    3. Están activos, pero sienten que no logran mucho.
  B. *¿Qué falta en estas vidas de descontentos?*
    1. Nunca han experimentado la aventura de rendirse por completo.
    2. Se están perdiendo el gozo de participar en la obra más grande de esta tierra.
    3. Necesitan decir con Isaías: "Heme aquí, envíame a mí".
  C. *¿Cómo podemos hacer que estas cinco palabras nos cambien por completo a nosotros?*

**II.** **Cuerpo**
  A. *Debemos ver a Dios tal como es (vv. 1-4)*
    1. Isaías vivió en un tiempo de iniquidad en la historia de su nación.
      a. El pueblo se había olvidado del Señor; y la violencia llenaba la tierra.
      b. La inmoralidad y el vicio corrían desenfrenados
    2. Isaías había puesto mucha esperanza para la nación en el rey Uzías, pero este había muerto.
      a. Isaías se daba cuenta ahora que su única esperanza debía ser el Señor.
      b. Los políticos son incapaces de resolver la raíz de los problemas; solo Dios puede hacerlo.
    3. En su momento de pánico, Isaías recibió la visión de Dios en su santidad.
    4. La santidad de Dios la encontramos revelada en la Biblia, especialmente en la cruz.
    5. Cambiar el punto de vista sobre el pecado no cambia la santidad de Dios.
  B. *Debemos vernos a nosotros mismos tal como somos (vv. 5-7)*
    1. Isaías experimentó la convicción de pecado al estilo bíblico.
      a. Fue plenamente consciente de la santidad de Dios.
      b. Esto le hizo ser consciente de su propio pecado.
    2. Se vio a sí mismo como en un espejo.
      a. "¡Ay de mí! que soy muerto".

97

b. "Siendo hombre de labios inmundos".
c. "Habitando en medio de pueblo que tiene labios inmundos".
3. ¿Desde cuándo no se mide a sí mismo con el nivel perfecto de Dios?
   a. ¿Ha estado disculpando sus pecados?
   b. ¿Se ha estado comparando con otros y se ve mejor que ellos?
4. Necesitamos confesar nuestros pecados y buscar el perdón de Dios. (1 Jn. 1:9).

C. *Debemos ver el mundo como Dios lo ve (v. 8)*
   1. "¿A quién enviaré, y quién irá por nosotros?"
   2. La condición de un mundo perdido fue la razón del llamamiento de Dios.
   3. Las cinco palabras que cambiaron la vida de Isaías: "Heme aquí, envíame a mí".
      a. La respuesta de Isaías le lanzó a una gran aventura.
      b. Dedicó el resto de su vida a hablar a las personas acerca de Dios.
   4. Pídale a Dios que le dé la gracia de ver la situación perdida de las personas como Él la ve.

**III. Conclusión**
   A. *¿Cuál es su respuesta al llamamiento retador de Dios?*
   B. *La respuesta de cinco palabras de Isaías le dio propósito a su vida*
   C. *Isaías se comprometió con Dios y la vida nunca más fue aburrida para él*

# EN LA PRESENCIA DEL REY

## I. Introducción

A. *El evangelio es para todos*
1. Es igualmente necesario para el rico y el pobre, para el exaltado y para el marginado.
2. Todos somos pecadores y sin Cristo, el Salvador, todos estamos destinados a la condenación (Ro. 3:23; 6:23).

B. *Pablo, el prisionero, comparece ante el rey Agripa*
1. Félix había dejado a Pablo en la cárcel para complacer a sus acusadores.
2. Festo, el nuevo gobernador romano, no encuentra de qué acusar a Pablo.
3. Ahora, Agripa, su esposa Berenice y Festo escucharon el testimonio de Pablo.

C. *Escuchemos lo que Pablo dijo cuando estuvo ante el rey*

## II. Cuerpo

A. *Jesús ha cambiado el destino de mi alma (vv. 3-15)*
1. Pablo ya había estado antes preocupado por su alma.
   a. Fue estricto en la religión de su juventud.
   b. Vivió como un fariseo, tratando de guardar la Ley.
2. Persiguió a los cristianos tratando de ganarse méritos con Dios.
   a. Pensó que agradaría a Dios mediante su oposición a Jesús.
   b. Metió en la cárcel a los creyentes y se alegraba cuando los ejecutaban.
3. Entonces llegó el día de la decisión en el camino a Damasco.
   a. Al mediodía una luz más brillante que el sol iluminó el camino.
   b. Pablo oyó una voz y entendió que era la voz de Dios.
   c. Supo que la voz era la de Jesús y le recibió como su Señor.

B. *Jesús cambió la dirección de mi vida (vv. 16-25)*
1. Pablo fue llamado a una vida de servicio para Cristo.
   a. "Para ponerte por ministro y testigo".
   b. La tarea de Pablo era abrir los ojos a los que vivían en las tinieblas espirituales.
   c. Pablo ministró para llevar a las personas del poder de Satanás al poder de Dios.

      d. Para que recibieran, por la fe perdón, de pecados y herencia entre los santificados.

   2. Pablo no fue desobediente a esta visión y llamamiento celestial.

   3. Su obediencia le había llevado a donde ahora se encontraba y a caer en manos de los que le acusaban.

   4. Cuando Pablo empezó a llevar a cabo su llamamiento, surgieron dificultades.

      a. Los enemigos del evangelio trataron de matarle.

      b. No obstante, Pablo continuó proclamando la muerte y resurrección de Cristo.

   5. Aprovechó esta oportunidad para explicarle el evangelio al rey Agripa.

 C. *Jesús cambió los deseos de mi corazón (vv. 26-29)*

   1. El deseo anterior de Pablo había sido eliminar a los cristianos y su mensaje.

   2. La pasión que ahora le dominaba era la predicación del evangelio.

      a. Eso le llevó por todas partes del mundo conocido para hablar del amor de Dios.

      b. Aprovechaba para explicarles a todos lo que había sucedido en su conversión.

   3. Pablo anhelaba que el rey Agripa, su esposa Berenice y el gobernador romano Festo conocieran a Jesús.

   4. ¿Cuál es la pasión principal de su corazón? ¿Es llevar a otros a Cristo?

**III. Conclusión**

 A. *¿Sabe cuál es el destino de su alma?*

 B. *¿El rey Agripa estaba casi persuadido a ser cristiano?*

 C. *Los que "casi creen" siguen perdidos*

## EL PADRE QUE SINTIÓ QUE TODO ESTABA EN CONTRA SUYA

*Día del padre*                                    *Génesis 42:36-38*

I. **Introducción**
   A. *Recordemos la triste historia de Jacob y José*
      1. Jacob tuvo doce hijos y amó de forma especial a José.
      2. A José lo vendieron sus hermanos como esclavo por envidia.
      3. Jacob pensó que José estaba muerto.
   B. *José llegó a ser el segundo en el mando en Egipto*
      1. Una hambruna obligó a los hijos a Jacob (excepto Benjamín) ir a Egipto a comprar alimentos.
      2. José, que estaba encargado de la distribución de alimentos, tenía un plan para traer a su familia con él.
         a. Simeón quedó retenido en Egipto como rehén.
         b. Tenían que llevar a Benjamín a Egipto a fin de que Simeón pudiera quedar libre.
      3. Jacob se lamentó: "Contra mí son todas estas cosas".
   C. *¿Qué es lo que le llevó a Jacob a ese clamor tan desesperanzado?*

II. **Cuerpo**
   A. *Jacob estaba cansado*
      1. Los años habían tenido ya su efecto sobre este padre cansado.
      2. La supuesta muerte de José le había causado mucha tristeza.
      3. Jacob había experimentado el amor y la fidelidad de Dios en los años pasados.
         a. Había soñado con una escalera al cielo (Gn. 28:11-12).
         b. Dios le había prometido bendiciones venideras (Gn. 28:13-15).
         c. Jacob luchó con un ángel y recibió un nuevo nombre (Gn. 32).
      4. La fatiga por causa del dolor y de los problemas puede hacer que nuestra fe vacile, pero Dios es fiel.
   B. *Jacob estaba preocupado*
      1. Perder a José y a Simeón le creo preocupación y angustia.
         a. Tenía el temor de perder también a Benjamín como sus otros hermanos.
         b. La ansiedad llenó su corazón y debilitó su fe.
      2. El temor y la fe son opuestos.

101

　　a. Jacob sintió que Dios estaba en contra suya y actuó en consecuencia.

　　b. "No descenderá mi hijo con vosotros" (v. 38).

　3. El temor nos priva de recibir lo mejor de parte de Dios.

　4. La fe nos permite llevarle a Cristo nuestras preocupaciones (1 P. 5:7).

　5. Cuando alimentamos nuestra fe con la Palabra de Dios, nuestros temores desaparecen (Ro. 10:17).

C. *Jacob estaba equivocado*

　1. Las cosas terminaron siendo mucho mejores de lo que él esperaba.

　2. Dios había estado trabajando a favor de Jacob.

　　a. José estaba vivo y prosperando.

　　b. Enviar a Benjamín le permitió ver a José de nuevo.

　3. José proveería de alimento y cobijo para toda la familia de Jacob.

　4. José cuidaría de Jacob en su ancianidad.

　5. Después de todo todas las cosas no estaban en contra de Jacob.

**III. Conclusión**

A. *José es un tipo de Jesús, nuestro Salvador y Proveedor*

B. *Debiéramos refugiarnos en Jesús cuando estamos cansados y preocupados*

　1. Jesús viene a nuestro encuentro en las dificultades.

　2. Él hace que todas las cosas obren juntas para nuestro bien (Ro. 8:28).

# EL HOMBRE AL QUE NADA PODÍA PARARLO

*Hechos 20:22-24*

I. **Introducción**
  A. *El destino de Pablo era Jerusalén*
    1. Él anhelaba ministrar en aquella ciudad histórica.
    2. Tenía la esperanza de llegar para el día de Pentecostés (v. 16).
  B. *Recibió muchas advertencias de peligro a lo largo del camino*
    1. Prisiones y tribulaciones le esperaban en Jerusalén.
    2. Estos avisos no le pudieron impedir llegar a su destino.
    3. "Pero de ninguna cosa hago caso".
  C. *¿Qué le motivaba a meterse en el peligro?*

II. **Cuerpo**
  A. *Estaba determinado a terminar su ministerio*
    1. En su conversión, Pablo fue llamado a ministrar (Hch. 9).
      a. Su encuentro con Cristo en la carretera de Damasco lo trasformó.
      b. "Señor, ¿qué quieres que yo haga?" (9:6) significa la entrega total.
    2. El ministerio significó para Pablo más que la vida.
      a. "Ni estimo preciosa mi vida para mí mismo".
      b. Su vida había estado en peligro muchas veces.
    3. Ganar almas para Cristo se había convertido en la pasión de su vida.
      a. Usó todos los medios a su disposición (1 Co. 9:22).
      b. Ministró públicamente y por las casas (Hch. 20:20).
    4. Predicó tanto a los judíos como a los gentiles (Hch. 20:21)
  B. *Estaba dispuesto a cumplir con su misión*
    1. La meta de Pablo era la de acabar su carrera con gozo (v. 24).
      a. No estaba satisfecho con lo logrado en el pasado.
      b. No quería descansar en sus laureles.
      c. Aprovechó cada día para ministrar.
    2. Pablo creía que el plan de Dios era para toda su vida.
      a. Quería acabar su carrera con gozo.
      b. Se protegía de un posible fracaso final (1 Co. 9:27).
    3. Pablo anhelaba completar su llamamiento divino con bendición.
    4. ¿Qué está haciendo usted en cuanto a terminar su carrera con gozo?

C. *Pablo anhelaba dar a conocer el mensaje*
 1. El propósito de la vida de Pablo era "dar testimonio del evangelio de la gracia de Dios".
 2. Pablo nunca cesó de gozarse en el milagro de la gracia.
 3. El perseguidor de los cristianos había sido salvado por gracia.
 4. Pablo quería ir a Jerusalén para explicar la gracia.
   a. La gracia hacía que la salvación fuera un don.
   b. La gracia hacía que el legalismo quedara obsoleto.
   c. La gracia quedó disponible mediante el sacrificio de Cristo a nuestro favor.

**III. Conclusión**
 A. *No nos asombra que no hubiera forma de frenar a Pablo*
 B. *Nosotros tenemos el mismo mensaje para dar a los demás*
 C. *¿Qué nos impide llevar a cabo nuestro llamamiento?*

# LA GRAN META DE JUAN

*Juan 3:30*

## I. Introducción

A. *Vamos a conocer a Juan el Bautista: El hombre enviado por Dios*
1. Isaías profetizó acerca de Juan (Is. 40:35).
2. El nacimiento de Juan fue un milagro.
   a. El ángel anunció el nacimiento de Juan a Zacarías (Lc. 1:5-25).
   b. Juan nació y recibió su nombre (Lc. 1:57-64).

B. *Zacarías tuvo una visión relacionada con Juan (Lc. 1:67-80)*
1. Juan iba a ser un profeta del Altísimo (v. 76).
2. Tendría como misión preparar el camino del Señor. (v. 76).
3. Anunciaría el mensaje de salvación (v. 77).

C. *La meta de Juan era que Cristo creciera y él menguara*

## II. Cuerpo

A. *La meta de Juan era bíblica*
1. Juan iba a ser una voz (Is. 40:3-5).
   a. Su voz anunciaría la venida del Salvador.
   b. Su voz hablaría de la gravedad del pecado.
   c. Su voz proclamaría la gloria de Dios.
2. Cristo Jesús venía como el Verbo
   a. Una voz se oye y desaparece.
   b. Una palabra permanece después de que la voz queda en silencio.
3. Juan vino para dar testimonio de la luz del mundo (Jn. 8:12).

B. *La meta de Juan se basaba en la deidad de Cristo*
1. Juan dijo que Jesús existía desde antes que él (Jn. 1:15).
2. Juan dijo que Jesús era superior a Moisés (Jn. 1:17).
3. Juan dijo que Jesús les daría a conocer al Padre a ellos (Jn. 1:18).
4. Juan dijo que Jesús tenía una posición más alta.
   a. Vio a Jesús cumpliendo los sacrificios del Antiguo Testamento.
   b. Dijo que Jesús era "el Cordero de Dios" (Jn. 1:29).
   c. Le identificó como aquel que quita el pecado del mundo.

C. *La meta de Juan era la mejor para sus seguidores*
1. Los discípulos de Juan tenían preguntas acerca de Jesús. (Jn. 3:26)
   a. Jesús estaba bautizando a más personas que Juan.
   b. La multitud le seguía y el grupo crecía.
2. Juan aprovechó este momento para enseñar algo importante.
   a. Dios está al cargo de todas las cosas (Jn. 3:27).
   b. "Yo no soy el Cristo" (Jn. 3:28).
   c. "Soy enviado delante de él" (Jn. 3:28).
3. Juan habló de la esposa, del esposo y de sus amigos (Jn. 3:29).
4. Otros reciben bendición cuando damos a Cristo el primer lugar.
5. ¿Está su orgullo impidiendo de que alguien pueda acudir a Jesús?

**III. Conclusión**
A. *¿Tiene Cristo el primer lugar en su vida?*
B. *¿Anhela usted tener el lugar de honor y de alabanza?*
C. *¿Está usted dispuesto a menguar a fin de que Cristo crezca?*

# EL DÍA CUANDO JUAN EL BAUTISTA ESTABA DEPRIMIDO

*Mateo 11:1-11*

**I. Introducción**
  A. *Juan el Bautista era un predicador audaz del arrepentimiento*
   1. La multitud acudía para oír su llamamiento al arrepentimiento.
   2. Aun Herodes se acercó para escuchar su denuncia del pecado.
    a. Juan no tenía temor y no favorecía a nadie en su predicación.
    b. Reprendió al rey y terminó en la cárcel.
  B. *En la cárcel la fe de Juan vaciló*
   1. Empezó a preguntarse si Jesús sería de verdad el Salvador.
   2. Envió a dos de sus discípulos para asegurarse de la verdad.
  C. *¿Por qué dudó Juan y cómo Cristo logró aclarar sus dudas?*

**II. Cuerpo**
  A. *Las dudas de Juan son una advertencia para todos nosotros*
   1. El nacimiento y la vida de Juan habían sido milagrosas.
    a. Su nacimiento fue anticipado por un ángel (Lc. 1:13).
    b. Su ministerio fue profetizado por Isaías (Is. 40:3-5).
   2. El ministerio de Juan demostró el poder y la aprobación de Dios.
    a. Muchos que se arrepintieron fueron bautizados.
    b. Juan bautizó a Jesús (Mt. 3:13).
     (1) Vio que el Espíritu descendía como una paloma.
     (2) Escuchó la voz de Dios aprobando al Hijo desde el cielo.
   3. Las dudas de Juan demuestran que todos debemos cuidarnos de la incredulidad.
  B. *Las dudas de Juan nos avisan del poder de la depresión*
   1. Pensemos en la sorprendente pregunta de dos partes de Juan:
    a. "¿Eres tú aquel que había de venir?"
    b. "¿O esperaremos a otro?"
   2. Estas preguntas resultan increíbles después de todo lo que Juan había visto y experimentado.
   3. La depresión puede hacer que los más fuertes sean débiles.

     a. Juan estaba deprimido por causa de lo que le había ocurrido.

     b. Estaba deprimido a causa de lo que le podía suceder.

     c. Los lamentos y los temores están entre las causas más comunes de depresión.

    4. ¿Se siente usted perturbado por estos dos elementos?

C. *Las dudas de Juan había que vencerlas mirando a Jesús*

    1. Jesús respondió a Juan de manera que se edificara su fe.

     a. Los ciegos recibían la vista, los cojos podían caminar y los sordos podía oír.

     b. Los muertos eran resucitados y a los pobres se les anunciaba el evangelio.

    2. Estas demostraciones del poder de Cristo harían que desapareciera la depresión de Juan.

     a. No te lamentes, Juan, todo lo que dijiste acerca de Jesús era cierto (Jn. 10:41).

     b. No tengas temor, Juan, tu futuro está en las manos amorosas de Dios; lo mejor está por venir.

    3. Hay unas palabras que hacen desaparecer nuestras dudas: "Puesto los ojos en Jesús" (He. 12:2).

**III. Conclusión**

A. *Jesús no condenó a Juan por sus dudas*

B. *Jesús comprendió y demostró su amor para con Juan (Mt. 11:11)*

    1. "Cuando Juan el Bautista dijo sus peores palabras acerca de Jesús, Jesús dijo sus mejores palabras en cuanto a Juan" (Vance Havner).

    2. Debemos procurar ver lo mejor en otros.

# BENDICIONES NACIONALES

*Día de la independencia*                    *Salmo 33:12*
*Comienza la serie sobre los Salmos*

## I. Introducción

A. *Estos himnos nacionales son ruegos por bendiciones*
 1. *"God bless America"* [Dios bendiga a los Estados Unidos]
 2. *"America the Beautiful"* (Dios derrame su gracia sobre ti).
 3. *"America"* (Protégenos con tu poder, nuestro Dios y Rey).

B. *¿Responderá Dios a las oraciones de estos himnos patrióticos?*
 1. Eso depende de la conciencia y conducta de la nación (Pr. 24:34).
  a. La justicia exalta a una nación.
  b. El pecado avergüenza a cualquier pueblo.
 2. Eso depende de la respuesta de la nación a Dios y a su Palabra.

C. *Participemos en un llamamiento a un avivamiento nacional*

## II. Cuerpo

A. *Todos necesitamos el avivamiento que surge de la oración*
 1. "Si se humillare mi pueblo... y oraren" (2 Cr. 7:14).
 2. Contamos con suficientes programas.
  a. Abundan las estrategias para el crecimiento de la iglesia... y se venden.
  b. Los programas demuestran lo que la planificación puede hacer; la oración demuestra lo que Dios puede hacer.
 3. Piense en la vida de oración de la naciente iglesia.
  a. Oraron antes de Pentecostés (Hch. 1:14).
  b. Se manifestó un gran poder en la iglesia por medio de la oración (Hch. 4:31-33).
 4. Todo gran avivamiento ha empezado con oración.

B. *Necesitamos un avivamiento que nos lleve a una vida santa*
 1. El avivamiento viene cuando el pueblo ve el pecado como algo grave.
 2. Nos alejamos de Dios y de sus normas santas.
  a. ¿Qué hay en su vida que una vez consideró pecaminoso?
  b. Nos hemos hecho tan tolerantes del pecado que casi nos derriba.

    c. Es hora de volver a las convicciones bíblicas.
3. ¿Cómo puede Dios bendecir a nuestro país?
    a. Es una tierra de inmoralidad y de hogares rotos.
    b. Es una tierra de violencia y de falta de respeto por la vida (aborto, eutanasia, asesinato).
4. El regreso a la justicia debe comenzar en la iglesia.
5. Que sea clara la línea de separación entre la iglesia y el mundo.
C. *Necesitamos un avivamiento que haga florecer el evangelismo*
    1. Todo verdadero avivamiento ha llevado a los pecadores a Cristo
        a. Evangelismo es una palabra que se echa de menos en la iglesia hoy.
        b. ¿A dónde se han ido los evangelistas?
    2. Hagamos que la predicación de la cruz produzca pasión por las almas.
    3. Que los sermones sobre el infierno muestren el precio de la perdición.
    4. Que los altares se llenen de pecadores que buscan a Dios

**III. Conclusión**
  A. *¿Puede venir a nuestra tierra esta clase de avivamiento?*
    1. ¿Por qué no? Nuestro Dios no ha cambiado.
    2. Dios todavía responde a las oraciones.
  B. *Las bendiciones de Dios fluyen cuando estamos listas para recibirlas*

# ORACIÓN Y PROTECCIÓN

*Serie sobre los Salmos*                              *Salmo 3*

## I. Introducción
### A. *David vivió una vida peligrosa*
1. Se enfrentó al gigante Goliat y luego tuvo que huir del rey Saúl que intentaba matarle.
2. El Salmo 3 tiene que ver con la rebelión de Absalón.
### B. *Todos nos enfrentamos a muchos peligros*
1. Enfermedades que amenazan nuestras vidas.
2. Enfrentamos a criminales, conductores embriagados, personas enojadas.
### C. *¿Adónde podemos ir para tener protección?*

## II. Cuerpo
### A. *David fue al Señor en oración (vv. 1-3)*
1. El padre atribulado se volvió a su Padre celestial.
   a. "¡Oh Jehová, cuántos se han multiplicado mis adversarios!"
   b. La oración de David es un buen ejemplo para padres desesperados.
2. La opinión pública no considera que la oración sea de ayuda.
   a. "No hay para él salvación en Dios".
   b. ¿Cree que eso se parece a la reacción de sus amigos?
3. David vio al Señor como su escudo, como su protección.
   a. "Mas tu, Jehová, eres escudo alrededor de mí".
   b. Dejó de escuchar a los que dudaban y creyó a Dios.
4. Algunos oran y creen y reciben.
5. Otros oran, dudan y no reciben nada.
### B. *David encontró que Dios responde a las oraciones*
1. "Con mi voz clamé a Jehová, y él me respondió".
2. "No necesitamos temer a un mundo hostil cuando nos regocijamos en un Dios que escucha y responde" (Spurgeon).
3. Los que oran se encuentran en buena compañía.
   a. Moisés oró y el Mar Rojo se abrió.
   b. Josué oró y las murallas de Jericó cayeron.
   c. Daniel oró y los leones no pudieron dañarle.
   d. Pablo y Silas oraron y salieron libres de la cárcel.
4. Siga orando; Dios escuchará y responderá a su tiempo.
### C. *La oración de David le trajo protección y paz (vv. 5-8)*
1. "Yo me acosté y dormí".

    2. "David reclinó su cabeza en el seno de Dios y durmió feliz bajo las alas de la providencia en dulce seguridad, y luego se despertó sin temores" (Spurgeon).

    3. "No temeré" (v. 6).

      a. Ahora no le importa para nada el tamaño de los problemas.

      b. Sabía que Dios era más grande que todos ellos.

**III. Conclusión**

    A. *Dios es capaz de protegernos*

      1. Él dispone de todo el poder en el cielo y en la tierra (Mt. 28:18-20).

      2. En la muerte y resurrección de Cristo venció a todos sus enemigos.

    B. *Déjelo todo en las manos de nuestro victorioso Señor y tenga paz*

# PRIORIDADES EN LA ORACIÓN

*Serie sobre los Salmos*        *Salmo 5:1-3*

I. **Introducción**
   A. *El salmista estableció sus prioridades*
      1. Decidió que Dios tendría las mejores horas del día.
      2. Le ofreció a Dios las mañanas de su vida.
   B. *Spurgeon habló de la importancia de empezar al día con Dios*
      1. "Una hora en la mañana es mucho mejor que dos horas en la tarde".
      2. "Mientras que el rocío está sobre la tierra dejemos que la gracia también renueve el alma".
   C. *La oración en la mañana ilumina todo el día*

II. **Cuerpo**
   A. *La oración requiere preparación (v. 1)*
      1. "Escucha, oh Jehová, mis palabras".
         a. La oración es algo más que recitación.
         b. La oración es clamar a Dios, esperando que Él escuche.
      2. "Considera mi gemir".
         a. La verdadera oración es más profunda que nuestras palabras.
         b. La oración es reflexiva, brota del corazón.
      3. El salmista no quería desperdiciar sus palabras.
         a. Estaba determinado a que su oración llegara a Dios.
         b. "¿No nos perdemos mucho de la dulzura y poder de la oración debido a que no preparamos nuestros corazones para orar? Debiéramos empezar a orar antes de arrodillarnos" (Spurgeon).
   B. *La oración es relación personal (v. 2)*
      1. "Rey mío y Dios mío".
      2. La oración no es una conversación ignorada con un Dios desconocido.
         a. Es una conversación personal con el Señor viviente.
         b. Piense en el Salmo 23: "Jehová es mi pastor".
      3. Piense en la oración de Jesús en Getsemaní (Mt. 26:36-39).
      4. La oración es como la conversación de un niño con su Padre.
         a. Llegamos a ser hijos de Dios mediante la fe (Jn. 1:12).
         b. ¿Es usted ya miembro de la familia de Dios?

C. *Ore con una actitud positiva (v. 3)*
1. "De mañana me presentaré delante de ti, y esperaré".
2. Esta clase de oración llega hasta el trono de Dios.
   a. Todos los límites de expectativas se han eliminado.
   b. La oración es una petición a nuestro Dios omnipotente.
   c. No nos asombra que la oración haga que todas las cosas sean posibles.
3. Al buscar a Dios temprano se empieza el día con fe en vez de con temor.
4. La oración de la mañana hace que se vayan las nubes y salga el sol.

III. **Conclusión**
A. *¿Cuáles son sus prioridades?*
B. *¿Quién ocupa el primer lugar en su vida?*
C. *¿Cuáles son sus expectativas cuando ora?*
   "Hagamos que la preparación santa se enlace con una paciente expectativa, y tendremos muchas más respuestas a nuestras oraciones" (Spurgeon).

# ¡SEÑOR, TEN MISERICORDIA DE MÍ!

*Serie sobre los Salmos*                                        *Salmo 6*

I. **Introducción**
   A. *Este es el primero de los salmos penitenciales*
      1. David había saboreado la amargura del pecado.
      2. Expresa su dolor, humillación y temor por la ira de Dios.
      3. Todos nos podemos identificar con él.
   B. *David clamó por misericordia y la recibió*
      1. "Ten misericordia de mí, oh Jehová" (v. 2).
      2. "Jehová ha oído mi ruego" (v. 9).
   C. *¿Quién obtiene misericordia del Señor?*

II. **Cuerpo**
   A. *Los que reconocen que necesitan misericordia la reciben (vv. 1, 3, 6)*
      1. "Jehová, no me reprendas en tu enojo".
      2. David no niega su pecaminosidad.
         a. Confiesa sus pecados.
         b. Reconoce que es digno de la repretensión y de la disciplina.
      3. La convicción de pecado es la primera evidencia de necesidad.
         a. David estaba tan turbado que lloró toda la noche por causa de sus pecados.
         b. "Cuando el alma está turbada, eso es agonía" (Spurgeon).
      4. Todos somos culpables delante de Dios (Ro. 3:10-23).
         a. ¿Se ha enfrentado usted a esa realidad?
         b. ¿Es consciente de que necesita la misericordia divina?
   B. *Los que recuerdan que la misericordia está disponible la reciben (vv. 2, 4)*
      1. "Ten misericordia de mí... sáname".
      2. ¿Cómo sabemos que está disponible la misericordia de Dios?
         a. "Jehová... grande en misericordia" (Nm. 14:18).
         b. "Aclamad a Jehová... porque su misericordia es eterna" (1 Cr. 16:34).
         c. "Se deleita en misericordia" (Mi. 7:18).
         d. "Pero Dios, que es rico en misericordia" (Ef. 2:4).
      3. El propiciatorio en el tabernáculo hablaba de la misericordia divina (Éx. 25:17).
         a. El propiciatorio era salpicado con sangre (Lv. 16:15).
         b. La misericordia fluye de la cruz donde Cristo murió.

115

4. El evangelio declara que hay misericordia disponible para todos.

C. *Los que solicitan misericordia la reciben (vv. 2, 9)*
   1. "Ten misericordia de mí, oh Jehová"
   2. Recuerde la oración del publicano (Lc. 18:10-14).
      a. "Dios, sé propicio a mí, pecador"
      b. "Os digo que éste descendió a su casa justificado".
   3. La gran invitación a la salvación es un llamamiento a recibir misericordia (Ro. 10:9-13).
   4. La gracia de Dios concede merito al pecador que la solicita.

**III. Conclusión**
A. *La misericordia de Dios se extiende a los que no la merecen*
B. *¿Se siente débil y pecador como para necesitar misericordia?*
   1. "Esta semana alguien fue lo bastante consciente de sus propios pecados como para no pensar en méritos o apelar a algo, sino solo a la gracia de Dios" (Spurgeon).
   2. La gracia de Dios es lo que hace posible nuestra salvación.

# POCO MENOR QUE LOS ÁNGELES

*Serie sobre los Salmos*                                    *Salmo 8*

## I. Introducción

A. *Este es un salmo de alabanza y de pasión*
1. "¡Cuán glorioso es tu nombre en toda la tierra!"
2. Dios es digno de toda nuestra alabanza.
3. "Ningún corazón puede medir, ni ninguna lengua describir la mitad de la grandeza de Dios" (Spurgeon).

B. *Toda la creación se une al coro de adoración*
1. "Los cielos cuentan la gloria de Dios" (Sal. 19:1).
2. "Ascienda a lo más alto de los cielos, o descienda a las profundidades del infierno, y Dios es alabado tanto en cantos eternos o justificado por su justicia y disciplina (Spurgeon).

C. *¿Qué acerca de los humanos?*

## II. Cuerpo

A. *Compara a los humanos con el resto de la creación (vv. 1-4)*
1. ¡Cuán pequeños nos vemos en comparación con el universo!
   a. La grandeza de la creación nos hace humildes.
   b. Las complejidades de la creación nos maravillan.
2. La gracia de Dios que cuida de todo nos prueba su amor.
   a. "¿Qué es el hombre para que tengas de él memoria?
   b. No nos merecemos la atención del Omnipotente.
3. Los niños son menos inclinados a cuestionar el amor de Dios.
   a. "De la boca de los niños y de los que maman".
   b. La salvación viene por medio de una fe como la de los niños (Mt. 18:2).

B. *Compara a los humanos con los ángeles (vv. 5-8)*
1. "Le has hecho poco menor que los ángeles".
   a. Los ángeles son mensajeros universales de Dios que hacen su voluntad.
   b. Los seres humanos tienen la responsabilidad de hacer su voluntad en la tierra.
2. Dios le dio al hombre dominio (autoridad) sobre la tierra.
   a. Somos menores que los ángeles pero superiores a los animales.
   b. Tenemos que ser buenos mayordomos de la tierra y de los animales.
3. ¿Estamos dando la talla en nuestra responsabilidad como mayordomos?

a. ¿Somos buenos representantes de nuestro Creador y
Redentor?
b. ¿Nuestra conducta les recuerda a otros su amor?
C. *Jesús aceptó ser hecho menor que los ángeles (He. 2:9)*
1. Aquí tenemos el milagro de la encarnación.
a. El Creador de los ángeles se hizo menor que ellos.
b. Se humilló a sí mismo para traernos salvación.
2. Cristo se hizo "Hijo del Hombre" para salvar al hombre
(Lc. 19:10).
a. Aquel que está por encima de todas las cosas se hizo
menor que los ángeles.
b. Este acontecimiento incluye la muerte en la cruz para
pagar por nuestros pecados (Fil. 2:5-7).
3. Cristo está ahora exaltado por encima de los ángeles (Ef.
1:21-23).

III. **Conclusión**
A. *Los hombres y ángeles se inclinarán ante el nombre de
Jesús (Fil. 2:10-11)*
B. *"Jesús" es el único nombre mediante el cual podemos ser
salvos*
1. ¿Qué significa el nombre de Jesús para usted?
2. ¡Cuán admirable es ese nombre en toda la tierra!

# LA SATISFACCIÓN SUPREMA

*Serie sobre los Salmos*                    *Salmo 17:15*

I. **Introducción**
   A. *Este es un salmo de oración, protección y perfección*
      1. David dice que su oración es sincera y su vida está limpia (vv. 1-5).
      2. Pide ser protegido de los impíos (vv. 6-14).
      3. Piensa en la oportunidad de encontrarse con el Señor (v. 15)
   B. *Este es un salmo que mira al futuro a la satisfacción suprema*
      1. Muchos desean y buscan las cosas de este mundo que no satisfacen.
         a. Las riquezas y las emociones pasajeras no satisfacen.
         b. Los éxitos personales y la aclamación no satisfacen.
      2. Los problemas y sueños frustrados pueden privar aun a los fieles de quedar satisfechos.
   C. *¿Cuándo encontramos la verdadera satisfacción?*

II. **Cuerpo**
   A. *Quedaremos satisfechos cuando veamos al Señor*
      1. "En cuanto a mí, veré tu rostro en justicia"
      2. Esa esperanza sostuvo a David en tiempos de grandes pruebas.
         a. Le sostuvo cuando los malvados le oprimían (v. 9).
         b. Le sostuvo cuando se vio rodeado de enemigos mortales (v. 9)
      3. En sus aflicciones, Job procuró ver a su Redentor (Job 19:25-27).
         a. Esta esperanza le animó cuando lo perdió todo.
         b. Le dio fortaleza cuando se vio condenado por sus amigos.
      4. ¿Tiene usted esta bendita esperanza para su futuro?
   B. *Quedaremos satisfechos cuando hayamos resucitado*
      1. "Estaré satisfecho cuando despierte".
      2. David vivió cada día seguro de su futura resurrección.
         a. Si sus enemigos le mataban, se levantaría de nuevo.
         b. Si era enterrado, un día saldría de la tumba.
      3. Nosotros podemos vivir a diario con la misma confianza.
         a. Nuestro Señor resucitó y nosotros también.
         b. Cristo es las primicias de la futura resurrección (1 Co. 15:20).

4. La esperanza de la resurrección elimina el aguijó de la muerte (1 Co. 15:55).
5. Nuestra victoria futura sobre la tumba nos da paz en el presente (1 Co. 15:57).
C. *Estaremos satisfechos cuando seamos como Jesús*
1. "Cuando despierte a tu semejanza".
2. Cuando resucitemos seremos semejantes a Cristo (1 Jn. 3:1-3).
3. "Mi satisfacción está por venir. Me despertaré al sonido de la trompeta, para disfrutar de gozo eterno, porque despertaré para ser semejante a ti" (Spurgeon).
4. La anticipación de ser semejante a Jesús alumbra nuestros días oscuros.
   a. Esta esperanza purificadora nos da victoria sobre la tentación.
   b. Anima a los que sienten que han fallado una y otra vez.

**III. Conclusión**
A. *¿Se siente cansado de buscar algo que le dé satisfacción?*
B. *Acuda a Cristo Jesús y terminará su búsqueda infructuosa*
1. Cristo nos da salvación, esperanza y suprema satisfacción.
2. Acepte su invitación y encuentre al que satisface su alma (Jn. 6:35).

# EL MAESTRO DE LOS PECADORES

*Serie sobre los Salmos*                    *Salmo 25:8*

## I. Introducción

A. Las buenas noticias de la gracia es que Dios ama a los pecadores

1. Dios es bueno: No le podemos culpar a Él por la situación del pecador.
2. Dios es recto: Él nos provee del camino de salvación.

B. Dios enseña a los pecadores el camino a la vida eterna

1. "¡Qué escuela tan desastrosa para que Dios enseñe en ella!" (Spurgeon).
2. Dios viene a nuestro encuentro allí donde estamos: Hundidos en el pecado.
3. Por gracia, Dios nos eleva a donde debiéramos estar.

C. ¿Cómo enseña Dios a los pecadores?

## II. Cuerpo

A. Dios enseña a los pecadores por medio del mensaje de la cruz

1. La reconciliación con Dios es por medio de la cruz (Ef. 2:16).
2. Dios ha demostrado en la cruz su amor por nosotros (Ro. 5:8).
3. "Aquí encontramos amistosamente unidas la bondad y la justicia de Dios. Para verlas juntas tenemos que estar al pie de la cruz y verlas combinadas en el sacrificio del Señor Jesucristo" (Spurgeon).
4. La cruz divide a la humanidad en salvados y perdidos (Lc. 24:39-43).
   a. Un malhechor confió en Cristo y fue perdonado.
   b. Otro malhechor rechazó a Cristo y pereció.
   c. ¿En qué lado de la cruz se encuentra usted?

B. Dios enseña a los pecadores por medio de las vidas de los cristianos

1. Estamos para brillar como luces en el mundo (Fil. 2:15).
2. Somos cartas vivas para que los demás las lean (2 Co. 3:2).
   a. La responsabilidad de los cristianos es ser consecuentes.
   b. La hipocresía no debiera tener lugar en nuestras vidas.
   c. Otros nos observan; las almas están en juego.
3. Muchos se han salvado porque vieron a Cristo en otros.

4. ¿Irán los pecadores a Jesús a causa de su testimonio y del mío?

C. *Dios enseña a los pecadores por medio de las circunstancias en sus vidas*
   1. Pablo se encontró con Cristo en una crisis en el camino a Damasco (Hch. 9).
      a. Él había sido orgulloso, egoísta, religioso y perdido.
      b. Una experiencia que le enfrentó con la realidad de su vida lo cambió todo.
      c. Su encuentro con Jesús en esta crisis le llevó a la salvación.
   2. El carcelero filipense creyó a causa de un terremoto.
      a. Pensó que todos los prisioneros se habían escapado.
      b. Que los prisioneros estuvieran todos allí, le impulsó a preguntar.
      c. "¿Qué debo hacer para ser salvo?" (Hch. 16:30).
   3. ¿Qué circunstancias en su vida le llevaron a ver su necesidad de Cristo?
   4. Esa experiencia ha tenido lugar en su vida para llevarle a Jesús.

III. **Conclusión**
   A. *Dios quiere tener comunión con usted*
   B. *Cristo le enseña el camino*
   C. *Responda hoy a su amor y sea salvo*

# VENZAMOS EL TEMOR

*Serie sobre los Salmos*                                   *Salmo 27:1*

I. **Introducción**
   A. *El temor nos acecha a todos*
   B. *El temor fue la primera evidencia de la caída (Gn. 3:10)*
      1. Adán y Eva se escondieron.
      2. La respuesta de Adán al llamado de Dios fue: "Oí tu voz... y tuve miedo".
   C. *Este es un salmo que nos ayuda a superar los temores*
      1. Este salmo puede darnos luz en las tinieblas.
      2. Este salmo puede darnos salvación en la condenación.
      3. Este salmo puede darnos fortaleza en la debilidad.

II. **Cuerpo**
   A. *Este salmo declara que hay luz para las tinieblas*
      1. "Jehová es mi luz".
      2. El propósito de Dios es cambiar las tinieblas en luz.
         a. Esto sucedió en la creación (Gn. 1:1-4).
         b. Esto fue cierto en la encarnación (Jn. 1:1-9).
         c. Esto también sucede en nuestra vida en la salvación (Jn. 8:12).
      3. "Llegó la salvación cuando estábamos en las tinieblas, pero no nos quedamos allí; da luz a los que pasan por el valle de sombra de muerte" (Spurgeon).
      4. Esta es nuestra gran transición de las tinieblas a la luz (Col. 1:12-13).
         a. Fuimos liberados del poder de las tinieblas.
         b. Entramos en el reino de Cristo.
   B. *Este salmo declara que hay salvación de la condenación*
      1. "Jehová es mi luz *y mi salvación*"
      2. Todos somos pecadores y todos estamos bajo condenación (Ro. 3:10-23; Jn. 3:17-19).
         a. Nuestra condenación no requiere que cometamos ni siquiera un pecado más.
         b. Ya estamos condenados por nuestra incredulidad.
      3. Cristo nos libra de la condenación (Jn. 3:17).
         a. No tenemos que hacer buenas obras para que Cristo nos ame.
         b. Somos salvos por gracia por medio de la fe y aparte de las buenas obras (Ef. 2:8-9).
      4. Aquí tenemos tres grandes palabras para los creyentes: "Ninguna condenación hay" (Ro. 8:1).

123

C. *Este salmo declara que hay fortaleza para la debilidad*
   1. "Jehová es la fortaleza de mi vida"
   2. Cristo cambia nuestro destino eterno y nuestras vidas diarias.
      a. Nos da fortaleza para cada tarea (Fil. 4:13).
      b. Nos renueva las fuerzas cuando estamos cansados (Is. 40:28-31).
      c. Nos da fuerzas cuando tenemos temor (Sal. 27:1, 14).
   3. "Nuestra vida obtiene toda su fortaleza de Él que es su origen" (Spurgeon).
   4. Aquí tenemos dos promesas para nuestra fortaleza.
      a. "El gozo de Jehová es nuestra fuerza" (Neh. 8:10).
      b. "En quietud y en confianza será vuestra fortaleza" (Is. 30:15).

**III. Conclusión**

A. *¿Tiene temor del poder de las tinieblas? Acuda a Jesús, Él es luz*

B. *¿Se siente condenado? Vaya a Jesús para recibir salvación*

C. *¿Se siente débil? Vaya a Jesús y reciba fortaleza para todo el día*

## PRUEBE CON DIOS

*Serie sobre los Salmos*                    *Salmo 34:1-8*

I. **Introducción**
   A. *Hay muchos retos en la vida*
      1. Aquí encontramos un reto de parte de David, quien había experimentado que Dios es fiel.
      2. Aquí tenemos un reto de parte de un hombre que tenía el corazón lleno de alabanza.
   B. *David reta a todos a que prueben a Dios*
      1. "Gustad, y ved que es bueno Jehová" (v. 8).
      2. Hay promesa de bendiciones para los que aceptan este reto.
   C. *¿Por qué lanzó David este reto?*

II. **Cuerpo**
   A. *El Señor le había librado de todos sus temores (v. 4)*
      1. "Él me oyó, y me libró de todos mis temores".
         a. Cuando sintió temor, David oró ("Busqué a Jehová")
         b. La oración respondida convirtió a David en un creyente que alababa.
      2. David tenía muchas razones para temer.
         a. Pastoreó ovejas a solas en su juventud (1 S. 17:34).
         b. Se enfrentó al gigante Goliat (1 S. 17:39-58).
      3. David buscó al Señor cuando tenía temor.
         a. Él es un buen ejemplo que podemos seguir.
         b. La paz de Cristo calma nuestros temores.
      4. Dios es más grande que nuestros temores.
      5. ¿Qué razón hay para que tengamos temor? (Sal. 27:1).
   B. *El Señor le había librado de todas sus angustias (v. 6)*
      1. "Este pobre clamó, y le oyó Jehová".
         a. A veces todo lo que podemos hacer es clamar a Dios.
         b. Estos son momentos de temor, pero también de edificación de la fe.
      2. La extrema necesidad del hombre a menudo se convierte en la gran oportunidad de Dios.
         a. Esto es cierto en cuanto a la salvación.
         b. Incapaces de salvarnos a nosotros mismos, clamamos a Dios.
         c. Él nos salva cuando no lo podemos hacer por nosotros mismos.
      3. David encontró que el Señor estaba listo y dispuesto.

a. Dios le libró de todos sus temores y angustias (una liberación completa).
b. Él puede hacer lo mismo con usted y conmigo.
C. *El Señor le había librado en tiempos de peligro (v. 7)*
1. David descubrió que no estaba solo.
   a. Aun en tiempos de peligro se pudo sentir seguro.
   b. La liberación de Dios de su pueblo la encontramos en toda la Biblia.
2. Cuando el enojado Saúl lo perseguía, David fue liberado.
3. Cuando se vio rodeado de enemigos, encontró protección.
4. No nos asombra que nos dejara este gran reto.

III. **Conclusión**
  A. *Guste y vea cuán bueno es el Señor*
    1. "La fe es el gusto del alma" (Spurgeon).
    2. Los que acuden a Dios encuentran que Él es bueno.
  B. *Acepte el reto de David y pruebe a Dios hoy*

# CESE EN ESA IMPACIENCIA PECAMINOSA

*Serie sobre los Salmos*                     *Salmo 37:1-7*

I. **Introducción**
   A. *La impaciencia es una actitud que no ayuda*
      1. La impaciencia no resuelve los problemas del mañana.
      2. Nos agota las fuerzas que necesitamos para enfrentar las dificultades de hoy.
      3. El salmista nos invita a que no nos impacientemos, o irritemos.
   B. *Este salmo nos ayuda con un problema común a todos*
      1. "Un salmo mediante el cual el Señor calma dulcemente las quejas comunes de su pueblo" (Spurgeon).
      2. David se impacientaba a causa de la prosperidad de los malvados.
      3. ¿Cuál es su queja más común? ¿Qué le lleva a impacientarse?
   C. *Cuatro palabras nos capacitarán para vencer la impaciencia*

II. **Cuerpo**
   A. *La primera palabra es confiar (v. 3)*
      1. Confianza es otra palabra equivalente a fe.
         a. La vida cristiana comienza con la fe (Ef. 2:8-9; Ro. 5:1; Hch. 16:31).
         b. Sin fe es imposible agradar a Dios (He. 11:6).
      2. Los cristianos están llamados a vivir por fe (Ro. 1:17).
      3. La paz de Dios viene por medio de la fe (Fil. 4:6-8).
         a. La impaciencia es lo opuesto de la fe.
         b. La fe elimina la impaciencia.
      4. "La fe cura la impaciencia" (Spurgeon).
   B. *La segunda palabra es deleitarse (v. 4)*
      1. Deleitarse es tener gran placer en algo.
         a. Se espera que nosotros nos deleitemos mucho en el Señor.
         b. Caminar con Él debiera ser nuestra delicia.
      2. Aquello que nos da placer revela la realidad de nuestra fe.
         a. Si el dinero es nuestra delicia, nos impacientaremos ante la posibilidad de perderlo.
         b. Si el éxito es nuestra delicia, nos impacientaremos ante la posibilidad del fracaso.
      3. Cuando Cristo es nuestro deleite, encontremos placer en leer su Palabra y en orar.

C. *La tercera palabra es encomendarse (v. 5)*
   1. Encomendarse es confiar algo a otra persona.
      a. Debemos encomendar nuestro camino al Señor.
      b. Debemos entregarle nuestras pruebas y tesoros, nuestro hoy y mañana.
   2. En la salvación, confiamos nuestras almas a Cristo.
   3. Podemos entonces confiarle con seguridad nuestro futuro.

D. *La cuarta palabras es descansar (v. 5)*
   1. Descansar es relajarnos por completo.
   2. Los cristianos pueden relajarse en el amor y cuidado de Cristo.
      a. ¿Por qué, pues, hay tantos cristianos impacientes y llenos de ansiedad?
      b. ¿Cómo podemos impacientarnos cuando el futuro está en sus manos amorosas?
   3. Descansar en Jesús trae paz a la vida diaria.

III. **Conclusión**

A. *Esas cuatro palabras cambian a los impacientes en ganadores*

B. *¿Qué parte tienen en su vida estas cuatro palabras?*

# CUANDO EL SILENCIO ES ORO

*Serie sobre los Salmos*                    *Salmo 39:1*

I. **Introducción**
   A. *El salmista toma una buena resolución*
      1. Es una resolución acerca de palabras pecaminosas.
      2. Es una resolución que sería buena para todos nosotros.
      3. "Es bueno cuando podemos afirmarnos a nosotros mismos en hacer lo recto recordando resoluciones sabias" (Spurgeon).
   B. *Hay momentos cuando lo mejor es callarse*
      1. En ocasiones el silencio es oro.
      2. El Espíritu Santo nos da dominio propio, lo que incluye el control de la lengua (Gá. 5:22-23).
   C. *Veamos algunos ejemplos y exhortaciones acerca del silencio*

II. **Cuerpo**
   A. *Aquí vemos a David como el salmista silencioso (v. 1)*
      1. "Guardaré mi boca con freno".
         a. David estaba determinado a controlar su lengua.
         b. Vio esto como una evidencia de disciplina divina.
      2. Santiago recalca esta misma verdad (Stg. 3)
         a. Tanto David como Santiago hablaron de ponerle freno a la boca.
         b. Ambos lo vieron como una señal de la fe verdadera.
      3. Piense en los secretos de David para un silencio santo.
         a. Tomó una decisión definida: "He resuelto que mi boca no haga transgresión" (Sal. 17:3).
         b. Expresó una oración sincera: "Pon guarda a mi boca, oh Jehová" (Sal. 141:3).
   B. *Veamos algunas situaciones que reclaman silencio (v.)*
      1. "En tanto que el impío esté delante de mí".
         a. Algunos andan buscando labios ligeros.
         b. Otros buscan chismes para esparcirlos.
         c. Otros quieren encontrar hipocresía en nuestras palabras.
      2. A veces el silencio es mucho mejor que hablar.
         a. Guarde silencio cuando se vea tentado a criticar.
         b. Guarde silencio cuando se habla de los pecados de otros.
         c. Guarde silencio entre los quejosos crónicos.
         d. Guarde silencio cuando las personas están criticando a los líderes de iglesia.

e. Guarde silencio cuando hablar puede arruinar la reputación de alguien.

f. Guarde silencio cuando el enojo le puede llevar a hablar con dureza.

3. Nunca permita que las palabras dañen la obra de Cristo.

C. *Cristo es el Salvador silencioso (Is. 53:7)*

1. Cristo guardó silencio ante sus acusadores.

   a. Guardó silencio ante Herodes y Pilato
   b. Se mantuvo en silencio ante los que le maldecían.

2. Reflexione sobre lo que Pedro dijo sobre el silencio del Salvador (1 P. 2:20-24).

   a. "Cuando le maldecían, no respondía con maldición".
   b. "Cuando padecía, no amenazaba".

III. **Conclusión**

A. *David expresó una gran oración para un corazón y una lengua puros (Sal. 19:4)*

B. *Nuestros corazones pueden estar en buena relación con Dios; nuestras palabras pueden agradarle*

# DEL POZO A LA CÚSPIDE DE LA ALABANZA

*Serie sobre los Salmos*          *Salmo 40:1-3*

I. **Introducción**
  A. *¿Podemos ser pacientes en un pozo?*
    1. Todos pasamos por pruebas, incluso los cristianos.
    2. En sus dificultades, el salmista clamo a Dios pidiendo ayuda.
      a. La respuesta no fue inmediata.
      b. La fe le permitió tener paciencia hasta que llegó la ayuda.
  B. *Jesús es el ejemplo supremo de paciencia bajo presión*
    1. Fue paciente en Getsemaní, cuando en el juicio y aun en la cruz.
    2. "Job sobre su montón de cenizas no es igual a Cristo en la cruz" (Spurgeon).
  C. *Podemos aprender algunas lecciones del pozo a la cúspide de la alabanza*

II. **Cuerpo**
  A. *Cuando nos estamos hundiendo Dios nos está buscando (vv. 1-2)*
    1. Podemos estar seguros de que Dios es consciente de nuestra necesidad.
      a. Nada se esconde de los ojos de Dios ni nada le encuentra desprevenido.
      b. Podemos pensar que no se preocupa, pero Él está allí.
    2. Jesús vino a buscar y salvar lo que se había perdido (Lc. 19:10).
    3. El Pastor busca a la oveja extraviada (Lc. 15:4).
    4. Nuestro Señor conoce el pozo de lodo cenagoso.
      a. Él espera la llamada de los que se hunden.
      b. Él responderá y sacará a la persona en el momento oportuno.
    5. Dios pone nuestros pies sobre roca firme y le da propósito a nuestra vida.
  B. *Cuando somos salvos, Dios pone en nuestra boca una canción (vv. 2-3)*
    1. "Puso luego en mi boca cántico nuevo".
      a. No es un cántico de tristeza.
      b. Es un cántico de alabanza.
    2. Es alabanza y gratitud por la oración contestada.
    3. Es de alabanza porque lo habían sacado de aquel pozo horrible.

131

4. Es de alabanza por escapar del lodo cenagoso

5. Es de alabanza por estar sobre la roca firme.

6. Es de alabanza por una nueva vida edificada sobre las promesas de Dios.

C. *Cuando nosotros empezamos a alabar, los que nos ven empiezan a orar (v. 3)*

1. Santos que alaban llevan a los pecadores a orar.

   a. La alabanza demuestra la realidad de nuestra fe.

   b. La alabanza demuestra el poder del amor y la gracia de Dios.

2. "Verán esto muchos, y temerán, y confiarán en Jehová".

   a. Los que se ven metidos en el pozo de lodo cenagoso anhelan salir de allí.

   b. Quieren algo sólido sobre lo que edificar sus vidas.

   c. Anhelan poner sus pies sobre la roca firme.

3. Los cristianos quejosos representan muy mal a su Señor.

4. Los cristianos que alaban son misioneros donde quiera que van.

**III. Conclusión**

A. *¿Ha sido usted sacado del pozo de lodo cenagoso?*

B. *¿Ha llenado Jesús su corazón con cánticos de gozo?*

C. *Prepárese para dar la bienvenida a otros en el compañeris-mo de alabanza*

# SEDIENTO DE DIOS

*Serie sobre los Salmos*                                    *Salmo 42:1-2*

**I Introducción**
  A. *Este salmo nos habla de experiencias reales*
    1. Todos conocemos la urgencia de la sed.
    2. Podemos vivir más tiempo sin alimento que sin agua.
    3. Todos conocemos la satisfacción de beber un vaso de agua fresca cuando estamos sedientos.
  B. *El salmista vincula la sed física y la espiritual*
    1. Este hombre sediento llegó a la conclusión de que solo Dios podía satisfacer su alma sedienta.
    2. "Denle a David su Dios y estará tan contento como un ciervo sediento que después de una larga búsqueda calma su sed y es perfectamente feliz" (Spurgeon).
  C. *Consideremos algunos pensamientos sobre personas sedientas*

**II. Cuerpo**
  A. *Una mujer sedienta acudió a un pozo (Jn. 4:5-15)*
    1. Jesús se encontró con una mujer de Samaria junto al pozo.
      a. Ella tenía una historia que contar.
      b. La vida no la había tratado muy bien.
    2. Su sed interna se manifestó en sus matrimonios fracasados.
      a. Ella continuó buscando un hombre que la diera satisfacción.
      b. Había estado casada cinco veces y ahora estaba viviendo con un hombre que no era su marido.
    3. Jesús sabía acerca de la sed de ella.
      a. Él lo sabe todo acerca de su búsqueda infructuosa por felicidad y paz mental.
      b. Le ofrece agua de vida para calmar su sed interna y terminar con su búsqueda.
  B. *Un hombre sediento se encontraba en el infierno (Lc. 16:19-24)*
    1. Un hombre que trató de calmar su sed con las riquezas.
      a. Económicamente funcionaba muy bien, vivía con abundancia cada día.
      b. Era todo lo contrario del pobre mendigo que se sentaba a su puerta.
    2. Entonces algo inesperado le sucedió a aquel hombre rico: Perdió su salud.

      a. Cuando este hombre murió, su sed continuó con él.

      b. Este puede ser uno de los tormentos más severos del infierno.

      c. Suplicó por un poco de agua para refrescar su lengua.

  3. Jesús sufrió la sed del infierno en la cruz.

      a. "Tengo sed", exclamó antes de morir.

      b. Cristo murió para que nosotros no tuviéramos sed nunca más.

      c. Llevó nuestro infierno en el Calvario para que pudiéramos ir al cielo.

*C. Una invitación que Dios quiere que demos a conocer (Ap. 22:17)*

  1. "Y el que tiene sed, venga".

  2. Los sedientos son invitados a beber del agua de vida.

  3. El agua de vida es gratuita para los que la buscan... por la fe.

  4. En la cruz, sangre y agua fluyeron del costado de Jesús.

      a. La sangra anunciaba el perdón de pecados.

      b. El agua anunciaba una fuente para las almas sedientas.

**III. Conclusión**

  *A. ¿Está usted sediento?*

  *B. Acuda con fe al que es la fuente de agua de vida*

  *C. Venga y nunca más tendrá sed*

# CUÁNDO HABLARNOS A NOSOTROS MISMOS ACERCA DE DIOS

*Serie sobre los Salmos*                                    *Salmo 42:5*

I. **Introducción**
   A. *Los salmos tocan todas las cuerdas de nuestras emociones*
      1. Nos hablan cuando hemos perdido toda esperanza.
      2. Nos elevan en alas de la alabanza y nos proporcionan cánticos en la noche.
   B. *Este texto nos muestra al salmista hablando consigo mismo*
      1. "Como si en él hubiera dos hombres, el salmista habla consigo mismo. Su fe razona con sus temores, su esperanza argumenta con las dificultades" (Spurgeon).
      2. Este texto aparece tres veces en los Salmos (42:5, 11; 43:5).
   C. *Hablar con nosotros mismos puede ser quizá lo que necesitamos*

II. **Cuerpo**
   A. *Podemos necesitar hablarnos a nosotros mismos cuando estamos desanimados*
      1. "¿Por qué te abates, oh alma mía?"
      2. Todos pasamos por tiempo de desaliento.
         a. La mala salud nos priva de nuestras fuerzas.
         b. Los ingresos son pocos y las deudas son muchas.
         c. Los sueños se frustran y los castillos se derrumban.
         d. La familia y los amigos nos desilusionan.
      3. "David anima a David a salir de la depresión" (Spurgeon).
      4. ¿Qué hacemos viviendo bajo las circunstancias?
         a. ¿Se ha olvidado ya de las promesas divinas? (Ro. 8:28).
         b. ¿Ha estado dudando del amor de Dios? (Ro. 8:38-39).
   B. *Podemos necesitar hablarnos a nosotros mismos cuando estamos disgustados*
      1. "¿Y te turbas dentro de mí?"
      2. Respondemos con falta de fe cuando estamos disgustados.
         a. Jacob pensó que todo estaba en contra suya (Gn. 42:36).
         b. Elías quería morir (1 R. 19:4).
         c. Job quería no haber nacido (Job 3:1-13).
         d. Los discípulos se asustaron en la tormenta (Mr. 4:38).

   3. La aflicción debiera recordarnos que la gracia de Dios es suficiente.
     a. Pablo experimentó que la gracia de Dios era suficiente (2 Co. 12:9).
     b. "La gracia acude a ayudarnos a través de las olas y de las dificultades" (Spurgeon).

  C. *Podemos necesitar hablarnos a nosotros mismos para recordarnos la fidelidad de Dios*
   1. "Espera en Dios".
     a. "La esperanza lleva estrellas en sus ojos" (Spurgeon).
     b. Pasar por las dificultades nos ayuda a cultivar la esperanza (Ro. 5:1-5).
   2. Nuestra esperanza descansa en la fidelidad de Dios
   3. Este es un texto de esperanza en tiempos de lágrimas (Lm. 3:21-26).
     a. Las misericordias de Dios son nuevas cada mañana.
     b. "Grande es tu fidelidad".
   4. Dios siempre está a la altura de la situación.

**III. Conclusión**
  A. *Hablemos con nosotros mismos acerca de la gracia de Dios*
  B. *Hablemos con nosotros mismos acerca de de la bondad divina*
  C. *Hablemos con Jesús acerca de cambiar nuestros temores en fe*

# LA TUMBA NO TIENE PODER PARA RETENERNOS

*Serie sobre los Salmos*                    *Salmo 49:6-20*

I. **Introducción**
   A. *El mayor engaño de la vida comenzó en el Edén*
      1. Satanás dijo: "No moriréis" (Gn. 3:4).
      2. Millones viven como si esta mentira fuera verdad.
      3. Acumulan riquezas como si nunca fueran a dejarlas.
   B. *El pecado nos ha traído la realidad de la muerte a todos (He. 9:27)*
      1. La tumba espera al rico y al pobre.
         a. Las funerarias y los cementerios dan testimonio de esta verdad.
         b. Todos tenemos una cita con la tumba.
      2. ¿Cómo podemos prepararnos para ese día que viene?

II. **Cuerpo**
   A. *No podemos prepararnos mediante la acumulación de educación (vv. 6-14)*
      1. "Aun los sabios mueren; que perecen del mismo modo que el insensato y el necio" (v. 10).
      2. Los títulos académicos no pueden librarnos de la muerte.
      3. La gente culta no ha podido encontrar un camino para escapar a este fin común.
         a. La vida eterna no puede obtenerse mediante la acumulación de conocimientos o bienes.
         b. Aun los sabios han sido incapaces de evitar las garras de la tumba.
      4. La ciencia médica no dispone de una pastilla para darnos vida eterna.
         a. Las medicinas milagrosas funcionan solo por un tiempo.
         b. Se han vencido muchas enfermedades, pero la vida al fin termina.
      5. A pesar de los honores humanos, todos marchamos camino de la tumba.
   B. *No podemos prepararnos mediante la acumulación de riquezas (vv. 16-20)*
      1. "No temas cuando se enriquece alguno" (v. 16).
         a. Las casas lujosas no aumentan la extensión de la vida.
         b. Los honores y la gloria terrenales no pueden prevenir la muerte.
      2. La riqueza no sirve de nada en la tumba.
         a. No podemos llevárnosla con nosotros.

b. Las pompas del presente terminan con nuestro último suspiro.
3. "Todos tenemos que cruzar el río de la muerte desnudos. No podemos llevarnos ni una prenda raída, ni una pequeña moneda, ni un poco de honor" (Spurgeon).
4. La tumba nos nivela a todos: Los que tienen y los que no tienen.
   a. El hombre rico y Lázaro ambos murieron (Lc. 16:19-31).
   b. No te impacientes a causa de los que consiguen baratijas temporales (Sal. 37:1).
C. *Solo podemos prepararnos para la tumba por medio de la fe en Cristo (v. 15)*
1. "Dios redimirá mi alma del poder del Seol, porque él me tomará consigo".
2. Job sabía que su redentor le proveería de victoria sobre la tumba (Jon 19:25).
3. Jesús demostró su poder sobre la tumba.
   a. Resucitó a Lázaro y a otros (Jn. 11).
   b. Resucitó de la tumba después de la crucifixión (Lc. 24).
4. El Cristo vivo salva a todos los que acuden a Él, dándoles vida eterna (He. 7:25).

**III. Conclusión**

A. *Todos debiéramos estar preparados para el día de la muerte (Am. 4:12)*
B. *No estamos preparados para vivir hasta que no lo estamos para morir*
C. *¿Está usted preparado para escapar del control de la muerte?*

# LO QUE DIOS QUIERE QUE SEPAMOS

*Termina la serie sobre los Salmos*                     *Salmo 50:1-15*

## I. Introducción

A. *Este salmo nos recuerda el poder y la gracia de Dios (v. 1)*
   1. "El dominio de Jehová se extiende por toda la tierra. Se convoca al este y al oeste para oír al Dios que hace que el sol salga en cada rincón de la tierra (Spurgeon).
   2. Este salmo debiera llenar nuestros corazones con alabanza (v. 23).

B. *Este salmo es para el pueblo de Dios (vv. 2-5)*
   1. "Juntadme mis santos" (v. 5).
   2. Veamos lo que Dios quiere que sus hijos sepan acerca de Él.

## II. Cuerpo

A. *Dios quiere que sepamos acerca de su justicia (vv. 5-6)*
   1. Dios siempre actúa rectamente.
      a. Algunos lo cuestionan cuando ven que las cosas van mal.
      b. Pero podemos estar seguros que Dios hace siempre lo recto.
   2. Dios es bueno… todo el tiempo.
   3. La justicia de Dios quedó demostrada en la cruz.
      a. Todos somos pecadores destinados al infierno (Ro. 3:10-23).
      b. El amor de Dios procuraba la salvación pero su justicia tenía que ser satisfecha.
      c. La justicia de Dios proveyó un camino.
         (1) En la cruz Dios fue justo y el que justificaba a los pecadores.
         (2) La sangre de Cristo pagó por nuestros pecados.
   4. La justicia de Dios es el gozo del cielo (Ap. 19:1-2).

B. *Dios quiere que sepamos acerca de sus recursos (vv. 9-12)*
   1. "Mía es toda bestia del bosque, y los millares de animales en los collados".
   2. Nuestro Señor es dueño de todo.
      a. "¿Cómo podía Israel imaginar que el Dios Altísimo, poseedor del cielo y de la tierra, tenía necesidad de los animales para ofrendas cuando todos los millares de animales que viven en las praderas y en los bosques le pertenecen? No solo los animales salvajes, sino también los domesticados eran suyos" (Spurgeon).

b. Pablo dijo: "Mi Dios, pues, suplirá todo lo que os falta conforme a sus riquezas en gloria en Cristo Jesús" (Fil. 4:19).

3. ¿Por qué entonces estamos tan preocupados acerca de cómo va Dios a satisfacer nuestras necesidades?

4. Aquel que alimenta a los pájaros y viste a las flores cuidará de nosotros (Mt. 6:26-31).

C. *Dios quiere que sepamos acerca de su respuesta a nuestra oración (v. 15)*

1. Aquí encontramos una doble promesa para tiempos de dificultades.

a. "Invócame en el día de la angustia".

b. "Te libraré, y tú me honrarás".

2. Los discípulos encontraron que esto es cierto en medio de una tormenta en el lago de Galilea (Mr. 4:36-41).

3. Jeremías también experimentó la verdad de esta promesa en un momento difícil de su vida (Jer. 33:3).

4. El malhechor en la cruz creyó en esta verdad y recibió el paraíso (Lc. 23:43).

III. **Conclusión**

A. *¿Se ha preguntado alguna vez si Dios haría lo que es recto?*

B. *¿Ha estado alguna vez preocupado acerca de cómo satisfacer necesidades apremiantes?*

C. *Invoque a Dios y vea cómo Dios es suficiente para sus necesidades hoy*

## ¿POR QUÉ RECORDAMOS?

*1 Corintios 11:25-26*

**I. Introducción**
   A. *La Cena del Señor es un tiempo para recordar otra vez*
   1. Este pan nos recordará el cuerpo de Cristo que fue entregado.
   2. Esta copa nos recordará la sangre de Cristo que fue derramada en la cruz.
   B. *Los cristianos celebran regularmente la Cena del Señor*
   1. Algunos lo hacen cada semana, o mes, o trimestre, o una vez al año.
   2. Tantas veces como lo celebramos recordamos (v. 25).
   3. ¿Por qué lo seguimos celebrando una y otra vez?

**II. Cuerpo**
   A. *La Cena del Señor nos recuerda la redención (vv. 24-25)*
   1. Estos símbolos de la muerte de Cristo nos cuentan la historia de la redención.
   2. Grandes himnos aportan tono y voz a esta maravillosa historia de amor.
      a. "Tu Cena, oh Dios" (Himno 254, Himnario Bautista)
      b. "Pan tu eres, oh Señor" (Himno 248, Himnario Bautista)
      c. "Obediente a tu mandato" (Himno 252, Himnario Bautista)
   3. Redimir es comprar cosas o personas que habían sido vendidas como esclavas.
   4. Nosotros habíamos quedado esclavizadas por el pecado (en el Edén y en nuestras vidas).
   5. Jesús murió para redimirnos, comprarnos o liberarnos.
      a. Recordamos el sufrimiento de nuestro Salvador comprando nuestro perdón.
      b. Recordamos el precio que Él pagó (1 P. 1:17).
      c. Escuchemos el clamor del Salvador al completar la redención: "Consumado es".
   B. *Al participar de la Cena recordamos también la resurrección (26)*
   1. La resurrección prueba la deidad de Cristo (Jn. 2:19-20).
   2. Tenemos tres grandes garantías en la resurrección.
      a. La garantía de nuestro Salvador (Ro. 1:4).
      b. La garantía de nuestra salvación (1 Co. 15:14-20).

  c. La garantía de una resurrección similar
   (1 Co. 15:20-23).
 3. No habría una continuidad en la Cena sin la resurrección.
 4. No habría iglesia sin la resurrección.
 5. No habría esperanza del cielo sin resurrección.
 6. Hagamos que esta celebración sea un memorial de que
  confiamos y servimos a un Salvador vivo.
C. *Al participar de la Cena recordamos también el futuro*
 *regreso de Cristo (v. 26)*
 1. Celebramos la Cena del Señor "hasta que él venga".
 2. Cada culto de Santa Cena es profético.
  a. Las palabras de los profetas debieran entusiasmar
   nuestras almas.
  b. Aquel a quien estamos recordando viene de nuevo.
 3. Recordar el significado profético de la Cena del Señor
  debiera llenarnos de expectación.
  a. Cada culto de Santa cena es parte de la cuenta regresiva de su venida.
  b. La esperanza del regreso de Cristo nos purifica; nos
   prepara para esta comunión en el Señor (1 Jn. 3:3).

**III.  Conclusión**
 A. *¿Qué hará este culto de Santa Cena por usted?*
  1. ¿Le ayudará el recordar a vivir a la luz de la cruz de
   Cristo?
  2. ¿Le animará el recordar a prepararse para la venida de
   Cristo?
 B. *¿Esperará con anhelo la siguiente vez en que nos reunire-*
  *mos para recordar y celebrar a Cristo?*

# EL SERMÓN QUE PREDICARÍA EL DOMINGO SI YO SUPIERA QUE IBA A MORIR EL LUNES

*Salmo 90:12*

I. **Introducción**
   A. *Richard Baxter tenía una meta en su predicación*
      1. Quería predicar como si nunca más fuera a hacerlo y como un moribundo a otros moribundos.
      2. Yo quiero predicar hoy con la urgencia de la meta de Baxter.
   B. *El salmista nos invita a contar nuestros días*
      1. Este es un buen consejo para todos.
      2. Los predicadores también mueren y debieran ser conscientes de la brevedad de la vida
   C. *Lo que yo diría si este fuera mi último sermón*

II. **Cuerpo**
   A. *La primera parte de mi sermón la dedicaría a mis seres amados*
      1. Todos tenemos responsabilidades para con los que tenemos más cerca.
         a. Le aseguraría a mi familia de mi fe en Cristo, la cual me da vida eterna.
         b. Muchos dejan a sus amados pensando si de verdad volverán a verse de nuevo.
      2. Les hablaría del momento cuando confié en Cristo como mi Salvador.
         a. Les describiría las veces que Dios habló a mi corazón acerca de su amor.
         b. Daría gracias por los que vivieron la vida cristiana delante de mí.
         c. Les describiría el culto del día cuando abrí mi corazón a Cristo (Ap. 3:20).
            (1) Recordaría las palabras del pastor cuando hizo la invitación.
            (2) Les llevaría a mis amados a percibir el milagro de aquel momento.
      3. Les repetiría versículos de la Biblia que me afirmaron en la seguridad de la salvación (Jn. 6:67; 1 Jn. 5:11-13).
   B. *La segunda parte del sermón la dedicaría a mostrarles dónde voy a vivir*
      1. Cuando muera me trasladaré a un nuevo domicilio: El cielo.

a. En la muerte, los cristianos marchan de la tierra (Jn. 13:1; Jn. 16:7; 2 Ti. 4:6).
b. Nos trasladamos a un lugar mejor (Fil. 1:21-23).
c. Dejamos inmediatamente nuestros cuerpos y vamos al cielo (2 Co. 5:8).
2. Jesús ha estado preparando allí un lugar para mí (Jn. 14:1-3).
3. Déjeme hablarle de este lugar a donde me trasladaré.
   a. El cielo es un lugar de música (Ap. 5:9).
   b. El cielo es un lugar de descanso (Ap. 14:13).
   c. El cielo es un lugar de regocijo (Ap. 19:7).
   d. El cielo es un lugar de belleza (Ap. 21:10-23).
4. Mañana estaré viviendo en un lugar mejor.
C. *La tercera parte de mi sermón sería una apelación a los perdidos*
1. Jesús vino a buscar y a salvar los que se había perdido (Lc. 19:10).
2. Mi último sermón sería una apelación urgente para que mis oyentes sean salvos.
   a. Predicaría sobre cuán mortal y condenatorio es el pecado.
   b. Predicaría sobre cuán cálido y maravilloso es el amor de Cristo.
   c. Predicaría acerca de que la cruz es el pago total por nuestros pecados.
3. Mi última invitación sería larga, insistente, con lágrimas y ruegos, sería mi último llamamiento.

**III. Conclusión**
A. *No contamos con la garantía de que la vida vaya a durar hasta mañana*
B. *Hoy es el día de salvación (2 Co. 6:2)*
C. *¡Acuda a Cristo hoy para recibir salvación!*

# EL LLAMAMIENTO DE PEDRO A UNA VIDA SANTA

*1 Pedro 1:15-25*

I. **Introducción**
   A. *Conozcamos a Pedro*
      1. El camino de Pedro de la derrota a la victoria
         a. Pasó de negar a su Señor a proclamar el evangelio.
         b. Pasó del orgullo a encaminar a otros a Cristo.
         c. Pasó de un temperamento explosivo a caminar como lo hizo Jesús.
      2. Conocer a Pedro bien es conocernos bien a nosotros mismos.
      3. Las luchas y éxitos de Pedro son muy semejantes a los nuestros.
   B. *Esta epístola comienza con alabanza (vv. 3-5)*
      1. Pedro tuvo experiencias personales en cuanto a "su grande misericordia".
      2. Aprendió a mirar más allá de las pruebas al triunfo.
   C. *¿Por qué nos llama Pedro a una vida santa?*

II. **Cuerpo**
   A. *Dios es santo (v. 15)*
      1. "Como aquel que os llamó es santo".
      2. La santidad de Dios aparece declarada en toda la Biblia.
         a. Moisés aprendió que Dios es santo (Éx. 3:1-6).
         b. Isaías aprendió que Dios es santo (Is. 6:1-8).
         c. Juan aprendió que Dios es santo (Ap. 4:8).
      3. La santidad de Dios es inalterable; Él no es afectado por normas morales cambiantes.
      4. Un día estaremos delante del Dios santo para rendir cuentas de nuestra conducta (Ro. 14:12).
   B. *La meta es que vivamos de forma santa (v. 16)*
      1. "Sed santos, porque yo soy santo".
      2. La búsqueda del éxito, la riqueza, el elogio público son metas equivocadas.
         a. Las metas basadas en ganancias terrenales nos desilusionarán.
         b. Vivir de forma santa nos trae recompensas eternas.
      3. Vivir de forma santa nos identifica como hijos de Dios.
         a. Estamos llamados a presentar nuestros cuerpos como sacrificio vivo y santo a Dios (Ro. 12:1).
         b. Esta clase de dedicación revela la voluntad de Dios para nuestras vidas (Ro. 12:2).

4. Pedro nos invita a que veamos a Jesús como un ejemplo de vida santa (1 P. 2:21-25).

   a. Jesús sufrió y no pagó amenazando.

   b. Jesús fue maldecido y no respondió de la misma manera.

   c. Estamos llamados a seguir sus pisadas.

C. *La gracia llena el vacío (vv. 17-25)*

1. Enfocarse en la santidad de Dios produce convicción de pecado.

   a. Dios es santo y nosotros no lo somos, esto puede producir desesperación.

   b. ¿Qué podemos hacer para llenar el vacío entre nosotros y Dios?

2. No podemos hacerlo por medio de buenas obras (Is. 64:6).

3. No podemos hacerlo por medio de ceremonias religiosas.

4. La gracia llena el vacío entre los pecadores y un Dios santo.

**III. Conclusión**

A. *La vida santa no se puede conseguir mediante esfuerzos humanos*

B. *La vida santa es el resultado de la presencia del Espíritu Santo en nosotros*

C. *El Espíritu Santo produce santidad en aquellos que se entregan a Él (Gá. 5:22-23)*

# PIEDRAS VIVAS

*1 Pedro 2:4-10*

## I. *Introducción*

A. *A Pedro le hicieron dos preguntas clave en su vida*
  1. "¿Quién dicen los hombres que es el Hijo del Hombre?" (Mt. 16:15-18).
  2. "Simón, hijo de Jonás, ¿me amas más que estos?" (Jn. 21:15-17).

B. *Pensemos en la primera de estas preguntas*
  1. ¿Cuál fue el efecto de esta pregunta en la vida de Pedro?
  2. ¿Cuál ha sido su efecto en el cristianismo?
  3. ¿Cómo entendió Pedro la respuesta del Señor a esta pregunta?

C. *Piedras y certidumbres*

## II. **Cuerpo**

A. *Pedro era la piedra (Mt. 16:13-20)*
  1. El retiro en Cesarea de Filipo fue un tiempo de descanso y de instrucción para los discípulos.
  2. El Señor le preguntó: "¿Quién dicen los hombres que es el Hijo del Hombre?"
  3. Pedro respondió: "Tú eres el Cristo, el Hijo del Dios viviente".
  4. Pensemos en la respuesta del Señor y en la confusión que hay en cuanto a esto.
     a. "Tú eres Pedro, y sobre esta roca edificaré mi iglesia".
     b. Algunos piensan que Cristo estaba diciendo que Pedro era la roca sobre la cual edificaría su iglesia.
     c. Pedro entendió que lo que significaba era que él era una piedra en la iglesia edificada sobre la roca que es Cristo.
     d. "Hay un juego de palabras en el griego sobre esta expresión [*Petros* significa literalmente 'una pequeña roca']. Él no prometió edificar su iglesia sobre Pedro sino sobre Él mismo, como Pedro cuidadosamente nos indica en 1 Pedro 2:4-9" (Scofield).

B. *Los cristianos son piedras vivas (1 P. 2:4)*
  1. Pedro dice que los creyentes somos piedras, como Jesús dijo que era él.
  2. ¿Por qué piedras?
     a. Nada está más muerto que una piedra; son frías y sin respuesta.

147

    b. Esto nos habla de todas las personas sin Cristo (Ro. 6:23).

  3. Pero los creyentes son piedras que reciben vida: "piedras vivas" (Ef. 2:5).

    a. Esto declara el poder de Cristo para dar vida.

    b. El más desesperado y pecaminoso puede ser salvo (Col. 2:13-14).

  4. Las piedras vivas demuestran variedad en la iglesia.

    a. La iglesia no es edificada con bloques sino con piedras; no hay dos piedras exactamente iguales.

    b. Jesús nos usará a cada uno en una forma especial (Ro. 12; 1 Co. 12—14).

 C. *Cristo Jesús es la piedra angular (1 P. 2:4, 6-8)*

  1. Cristo es la piedra angular, el único fundamento sobre el cual se edifican nuestras vidas.

    a. Todo lo que no se edifica sobre Él es como arena (Mt. 7:24-27).

    b. "Porque nadie puede poner otro fundamento" (1 Co. 3:11).

  2. Este fundamento es fuerte porque es roca sólida.

    a. "El es la Roca, cuya obra es perfecta" (Dt. 32:1-4).

    b. "Jehová, roca mía y castillo mío" (Sal. 18:2).

  3. Esta Roca ha sido rechazada por los hombres (2:7; Jn. 1:11-12).

  4. ¿Rechazará usted a Cristo también o edificará su vida sobre Él?

**III. Conclusión**

 A. *Somos transformados de piedras en siervos del Dios viviente (v. 9)*

 B. *Estamos llamados a ser ejemplos vivos de su misericordia para con los pecadores (v. 10)*

# CALLEMOS A LOS QUE NOS CRITICAN

*1 Pedro 2:11-15*

## I. Introducción

A. *Pedro tenía un amor tierno por otros cristianos*

1. "Amados" indica su amor por los creyentes a los que escribía.
2. Necesitamos hoy esta clase de amor entre los creyentes.

B. *Pedro se sentía identificado con los que sufrían por Cristo*

1. "Os ruego como a extranjeros y peregrinos" es un saludo de comprensión.
2. Él sabe que el mundo está en contra de los que viven para Cristo.

C. *¿Cómo silenciamos a los que persiguen con palabras?*

## II. Cuerpo

A. *Sea limpio (v. 11)*

1. "Que os abstengáis de los deseos carnales que batallan contra el alma".
2. Esta es una guerra en la que estamos metidos todos los creyentes.
   a. Es tan antigua como el pecado y tan actualizada como las tentaciones de hoy.
   b. Los campos de batalla incluyen los deseos de la carne, los deseos de los ojos y la vanagloria de la vida (1 Jn. 2:16).
3. Muchos han caído en esta batalla.
   a. Sansón sucumbió a los engaños de Dalila.
   b. David sucumbió estando en su terraza mirando a Betsabé.
4. También ha habido grandes victorias.
   a. José rechazó las intenciones de la esposa de Potifar (Gn. 39).
   b. Jesús rechazó las tentaciones de Satanás (Mt. 4; He. 4:15).
5. Dios nos ha provisto de los recursos para vencer en cada ocasión (1 Co. 10:13).

B. *Sea cuidadoso (v. 12)*

1. Hay muchos espectadores en esta guerra que se dedican a predicar.
   a. Otros le están mirando para ver si su fe es auténtica.
   b. Muchos esperan que caiga derrotado con el fin de poder criticar.

2. Nuestras vidas están continuamente observadas por los incrédulos.
   a. Debemos alegrarnos que nos observen, sabiendo que podemos resistir la tentación.
   b. Estos que observan y critican nos ofrecen la oportunidad de demostrar la autenticidad de nuestra fe.
3. ¿Por qué debemos ser cuidadosos en ser completamente sinceros y morales?
   a. Representamos a Cristo Jesús en el mundo (2 Co. 5:20).
   b. Estamos para brillar como luces en la oscuridad (Fil. 2:15-16).
   c. Nuestra luz glorificará a nuestro Padre celestial (Mt. 5:16).
4. Si nos preocupamos por Cristo y por nuestras almas, seremos cuidadosos.

C. *Sea consecuente (vv. 13-15)*
1. Pedro está hablando de algo más de simplemente ir los domingos al templo.
2. El mensaje cristiano abarca cada área de la vida.
   a. Tenemos el privilegio único de ser ciudadanos del cielo (Fil. 3:20).
   b. También somos ciudadanos de la tierra y estamos llamados a demostrar que somos diferentes.
   c. Debemos someternos a las leyes de la tierra, obedeciéndolas por amor del Señor.
3. Vivir de forma irreprensible será un gran testimonio en este mundo a favor de Cristo.

**III. Conclusión**
A. *Callamos a los que nos critican por medio de una vida limpia, cuidadosa y consecuente*
B. *Haciendo esto hacemos "callar la ignorancia de los hombres insensatos"*
C. *Podemos también llevar a muchos a que confíen en nuestro Señor*

# SIRVAMOS AL PRÍNCIPE DE LOS PASTORES

*1 Pedro 5:1-4*

I. **Introducción**
   A. *Pedro da aquí buen consejo para los líderes de iglesia*
      1. Se pone en el lugar de uno de ellos: "Yo anciano también con ellos".
      2. Presenta sus credenciales: "Testigo de los padecimientos de Cristo… participante de la gloria".
   B. *Hay actitudes e incentivos correctos para apacentar y guiar (vv. 2-3)*
      1. Lo hacemos no porque nos veamos forzado a ello sino voluntariamente.
      2. Lo hacemos no para ganar dinero sino por el deseo de servir.
      3. Lo hacemos no para tener señorío sobre las personas sino para serles un ejemplo.

II. **Cuerpo**
   A. *Pedro tenía al Señor como el Príncipe de los pastores*
      1. David tenía al Señor como su Pastor; el que cuida de las ovejas (Sal. 23).
      2. Jesús habló de sí mismo como el "buen pastor" (Jn. 10:11).
         a. Dio su vida por las ovejas. ¡Qué gran ejemplo para los líderes!
         b. Fue todo lo contrario de los asalariados, no sirvió por interés personal.
      3. El autor de hebreos llamó a Jesús el "gran pastor de las ovejas" (He. 13:20).
         a. Resucitó de los muertos.
         b. Está perfeccionando a su pueblo.
      4. Pedro llamó al Señor el Príncipe de los pastores.
         a. Él dirige a todos los pastores terrenales.
         b. Da dirección para todos los líderes por medio de su Palabra.
         c. Todos tendremos que rendirle cuentas a Él.
   B. *Pedro esperaba el regreso del Príncipe de los pastores*
      1. "Y cuando aparezca el Príncipe de los pastores".
      2. Pedro había oído a Jesús hablar muchas veces acerca de que vendría otra vez.
         a. Le oyó hablar de marcharse y regresar (Jn. 14:1-3).
         b. Le escuchó hablar acerca de las señales de su venida (Mt. 24).

    c. En la ascensión Pedro oyó a los ángeles hablar de que Cristo vendría otra vez (Hch. 1:10-11).

  3. La segunda epístola de Pedro se centraría en el mensaje de la Segunda Venida.

    a. Advertiría acerca de los que se burlarían de ello, dudando del regreso de Cristo (2 P. 3:3).

    b. Rogaría que vivieran de forma santa a la luz del regreso del Señor (2 P. 3:10-11).

  4. ¿Está usted listo para la segunda venida de Cristo?

 C. *Pedro esperaba el galardón que recibiría del Príncipe de los pastores*

  1. Piense en la autoridad que Pedro tenía para poder decir todo esto.

    a. Había estado con Jesús y había sido testigo de sus sufrimientos (v. 1).

    b. Había estado en la transfiguración y había sido testigo de su gloria (v. 1).

  2. Había sido testigo del poder de la resurrección.

    a. La cruz parecía haber sido el final de todo.

    b. La resurrección demostró que Él podía cumplir siempre sus promesas.

  3. Jesús había prometido regresar y recompensar a todos los que le servían (Ap. 22:12).

**III. Conclusión**

 A. *¿Conoce usted al Príncipe de los pastores?*

 B. *¿Está usted sirviendo al Príncipe de los pastores?*

  1. ¿Es su deseo principal hacer su voluntad?

  2. ¿Está usted listo para su regreso y para recibir su recompensa?

# LA PURIFICACIÓN DE LOS MALOS PARA EL CIELO

*1 Corintios 6:9-11*

## I. Introducción

A. *El evangelio es para los pecadores*
 1. Corinto era un lugar muy apropiado para alcanzar a los pecadores.
 2. Era una ciudad en la que la lujuria, el vicio y la inmoralidad eran comunes.

B. *El evangelio cambia a los pecadores*
 1. El evangelio nos habla en la situación en la que estamos (1 Co. 15:3-4).
 2. El evangelio nos transforma en lo que debiéramos ser (2 Co. 5:17).

C. *El pasado, el presente y el futuro de cada cristiano es igual*

## II. Cuerpo

A. *Reflexione en cómo éramos*
 1. "Los injustos no heredarán el reino de Dios"
 2. Pablo nos presenta una lista desagradable de pecadores.
  a. Era una lista de personas inmorales.
  b. Era una lista de personas insinceras y descontroladas.
  c. Ninguno en esta lista era apto para el cielo
 3. "Y esto erais algunos".
  a. Cristianos destinados al cielo estuvieron una vez destinados al infierno.
  b. Esto demuestra que todos estábamos perdidos hasta que Dios nos salvó (Ro. 3:10-23).
 4. ¿Qué es lo que cambió el destino de estos que estaban perdidos?
  a. La gracia de Dios rescata a los pecadores y los cambia.
  b. Al recibir a Cristo somos transformados y podemos entrar al cielo.

B. *Piense en cómo somos ahora*
 1. Lavados.
  a. Quedamos lavados mediante la sangre de Cristo (Ap. 1:5).
  b. Somos lavados en el agua de la Palabra (Ef. 5:26).
 2. Santificados: Separados para el servicio divino.
  a. Dios tiene un propósito para la vida de todo pecador limpiado (Ro. 5:1-8).
  b. Aun las pruebas contribuyen al propósito de nuestras vidas (Ro. 8:28-29).
 3. Justificados, declarados justos.

    a. Esto es posible debido a la obra consumada por Cristo en la cruz (Ro. 3:25).

    b. Dios es justo y justifica a todos los que creen en Él (Ro. 3:26)

    c. Nuestra justificación no es por obras sino por gracia (Ro. 3:28).

    d. Somos justificados por la fe en Cristo y tenemos paz con Dios (Ro. 5:1).

C. *Piense en cómo seremos*

  1. Estos pecadores justificados serán un día como Jesús

    a. Mientras estamos aquí, la gracia nos permite crecer en el conocimiento de Cristo.

    b. Cuando Cristo regrese, seremos semejantes a Él (1 Jn. 3:2).

  2. Este camino de crecimiento es todo por gracia.

    a. El Espíritu Santo nos guía para llegar a ser cada vez más semejantes a Jesús (Gá. 5:22-23).

    b. Aun en las pruebas y las tentaciones, somos guardados por su amor (1 Co. 10:13).

**III. Conclusión**

A. *¿Puede encontrarse a sí mismo en la lista de pecadores perdidos de Pablo?*

B. *Acuda por la fe a Jesús y quedará limpio y salvo*

C. *Dios se especializa en hacer que los pecadores queden aptos para el cielo*

# ¿DÓNDE ESTÁ DIOS CUANDO LO QUE SUCEDE NO TIENE SENTIDO?

*Isaías 64; Romanos 3:24*
*Gálatas 4:4-5; Apocalipsis 3:20*

## I. Introducción

A. *Isaías clamaba porque Dios se manifestara*

1. El profeta anhelaba que Dios asistiera a Israel en su tiempo de necesidad.
2. Él no entiende por qué Dios guarda silencio en un momento así.

B. *Hay momentos cuando podemos identificarnos con el clamor de Isaías*

1. Cuando personas inocentes mueren a manos de opresores crueles.
2. Cuando personas malvadas llevan a cabo matanzas y no son juzgadas.
3. Cuando la tragedia viene a nuestra familia y país.

C. *¿Qué es lo que Dios está haciendo cuando sucede lo impensable?*

## II. Cuerpo

A. *Él está extendiendo la gracia al hombre (Is. 64; Ro. 3:24)*

1. Isaías clama a Dios rogando que haga algo drástico.
   a. "¡Oh, si rompieses los cielos!"
   b. "Y a tu presencia se escurriesen los montes".
2. Podemos tener muchas preguntas sobre por qué Dios no previene el dolor.
   a. Nos preguntamos por qué los malos parece que pecan y no les pasa nada.
   b. No podemos entender por qué Dios no previene las tragedias.
3. En ocasiones en el pasado Dios juzgó inmediatamente: El diluvio, Babel, Sodoma.
4. Todos nos merecemos el juicio de Dios, pero ahora esperamos en la gracia. ¿Por qué?
   a. "El Señor… es paciente… no queriendo que ninguno perezca" (2 P. 3:9).
   b. Este momento es una oportunidad de gracia para cada uno de nosotros.

B. *Él está llevando a cabo su plan (Gá. 4:4-5)*

1. Desde antes de la fundación del mundo, Dios tenía un plan.

155

2. Este plan involucraba incluso la caída del hombre
   a. ¿Piensa usted que la caída en el Edén le pilló a Dios por sorpresa?
   b. La primera promesa de redención fue dada en el Edén (Gn. 3:15).
3. Luego vino la larga espera por el Salvador.
   a. Las promesas vinieron por medio de los profetas: Nacido de una virgen, Emanuel, Belén.
   b. Después vinieron cuatrocientos años de silencio, luego una serie de actividades angélicas.
   c. Cristo nación (cuando vino el cumplimiento del tiempo).
4. Dios siempre llega a tiempo.
   a. Él estaba en el momento oportuno en la cruz y en la resurrección.
   b. Él estará a tiempo con la segunda venida de Cristo.
5. ¿Está listo para ese gran día?

C. *Él está llamando a la puerta con su mano (Ap. 3:20)*
1. "He aquí, yo estoy a la puerta y llamo".
2. Jesús viene a nuestra puerta humildemente, para invitarnos a tener comunión con Él y darnos vida eterna.
3. Las manos de Dios mueven naciones y circunstancias para llevar a las personas a la salvación
   a. ¿Oye usted la voz de Dios?
   b. ¿Se ha dado usted cuenta de su obra en su vida?

## III.  Conclusión
A. *Dios vendrá a su encuentro allí donde está*
B. *Dios responderá a su clamor y le dará vida eterna*
C. *Dios hará que todo salga bien al final*

# TESTIGOS

*Comienza la serie sobre testigos*            *Hechos 1:8*

## I. Introducción
A. *Cristo celebra la primera conferencia misionera*
  1. Fue la última reunión del Señor con sus seguidores.
  2. Cristo ascendería pronto al cielo.
  3. Los misioneros fueron comisionados para ir a todo el mundo
B. *El Señor manejó bien una distracción*
  1. "Señor, ¿restaurarás el reino a Israel en este tiempo?"
  2. Nosotros no conocemos "los tiempos o las sazones" (cuando Cristo regresará).
  3. Sí sabemos que este es el momento de ser testigos (ganadores de almas).
C. *¿En qué consiste el dar testimonio?*

## II. Cuerpo
A. *Los testigos del Señor dicen lo que ellos conocen*
  1. "Me seréis testigos".
  2. Esta es la responsabilidad de todo testigo.
    a. Un testigo debe decir ante el tribunal lo que él o ella conoce.
    b. El que ha sido testigo de un delito o accidente debe decir lo que ha visto.
  3. Si usted sabe que Dios le ama, diga lo que sabe.
  4. Si usted sabe que Cristo le ha salvado, diga lo que sabe.
  5. Pedro les dijo a los reunidos en el día de Pentecostés lo que él sabía acerca de Jesús (Hch. 2).
  6. Felipe le dijo al eunuco etíope lo que él sabía acerca de Jesús (Hch. 8:26-39).
  7. Pablo le dijo al rey Agripa lo que él sabía acerca de Jesús (Hch. 26).
B. *Los testigos del Señor hablan de Aquel a quien ellos conocen*
  1. "Me seréis testigos".
  2. Cristo es la razón de nuestro testimonio.
    a. Tenemos que hablarles a las personas perdidas acerca de Aquel que vino a salvarles.
    b. Tenemos que hablarles acerca de su nacimiento milagroso, su vida y muerte en la cruz.
    c. Tenemos que hablarles de su resurrección y segunda venida.

   3. Nuestro propósito al dar testimonio es comunicar el evangelio (1 Co. 15:3-4).

   4. La meta no es impresionar a otros con nuestro conocimiento de teología.

      a. Muchos conocen las teorías de los teólogos pero no conocen a Cristo.

      b. Muchos saben acerca de la gloria del cielo, pero van camino del infierno.

   5. Nuestra meta es llevar las personas a Cristo, el único camino al cielo (Jn. 14:6).

C. *Los testigos del Señor saben adónde tienen que ir*

   1. "En Jerusalén... y hasta lo último de la tierra".

   2. "El mundo es mi parroquia" (Juan Wesley).

      a. Lo mismo puede decir cada cristiano.

      b. Estamos llamados a ser testigos en todo lugar a donde vamos mientras tanto que vivimos.

   3. Tenemos que ser testigos que están listo en todo momento para hablar de Jesús.

      a. Tenemos que ser testigos en nuestros hogares y lugares de trabajo.

      b. Tenemos que ser testigos en todos nuestros contactos diarios.

**III. Conclusión**

A. *¿Cuán importante es para usted ser un testigo?*

B. *¿Cuánto tiempo ha pasado desde que habló a otro acerca de Jesús?*

C. *Todos tendremos que dar cuentas de nuestro testimonio (Ro. 14:12)*

# ESTEBAN: EL DIÁCONO TESTIGO

*Serie sobre testigos*                                      *Hechos 6—7*

I. **Introducción**
  A. *Satanás se opuso al progreso de la naciente iglesia (cap. 6)*
    1. Se opuso por medio de disensiones internas (vv. 1-4).
    2. Se opuso a través de persecuciones externas (vv. 9-15).
  B. *La iglesia se organiza (6:2-8)*
    1. Los líderes, al no poder llevar ellos solos toda la carga, propusieron el nombramiento de los primeros diáconos.
      a. Los primeros diáconos tuvieron que cumplir con ciertos requisitos (v. 3).
      b. Esteban, un hombre lleno del Espíritu Santo, fue el primero elegido.
    2. La organización adecuada trajo gran crecimiento y muchas bendiciones (v. 7).
  C. *¿Qué hizo que Esteban fuera un testigo tan dinámico?*

II. **Cuerpo**
  A. *Tenía plena confianza en la Palabra de Dios (7:1-54)*
    1. Cuando Esteban comenzó a dar testimonio, empezó la persecución.
      a. Fue llevado ante el concilio para ser juzgado.
      b. Varios testigos falsos testificaron contra él.
    2. Esteban se apoyó en la Palabra de Dios para su testimonio ante el concilio.
      a. Su defensa empezó y terminó dando gloria a Dios
      b. Su testimonio ante el concilio estaba lleno de las Escrituras.
    3. Una cosa es citar versículos en el templo y otra muy distinta es arriesgar tu vida por ellos.
      a. Esteban declaró su fe en la Palabra de Dios cuando hacerlo significaba el martirio.
      b. Dar testimonio con las Escrituras garantiza que nuestras palabras serán eficaces (Is. 55:11).
  B. *Estaba completamente dedicado a su Salvador (vv. 54-56)*
    1. El concilio reaccionó violentamente al testimonio de Esteban.
      a. Los miembros del concilio se enojaron mucho contra este creyente audaz.
      b. Se levantaron contra Esteban, demandando su muerte.
    2. No debiéramos sorprendernos cuando el mundo rechaza nuestro testimonio.

        a. Jesús dijo que los creyentes serían rechazados porque Él fue rechazado (Jn. 15).

        b. El rechazo nunca debiera frenar a nuestras lenguas de su más grande propósito.

    3. El que solo piensa en sí mismo se encogerá ante el peligro de dar testimonio.

        a. Esa persona será fiel solo mientras es conveniente.

        b. Esa persona se rendirá a Cristo mientras tanto que no haya peligro.

    4. El creyente comprometido con Cristo es audaz aun ante el peligro de muerte.

    5. El Salvador estuvo con Esteban en su momento de necesidad y le dio una visión de la gloria.

  C. *Tenía compasión por los perdidos (vv. 57-60)*

    1. El cielo era una realidad para Esteban, miró a lo alto y vio a Jesús.

    2. Jesús estaba listo para ministrar a este siervo fiel.

    3. Esteban oró de forma conmovedora poco antes de su muerte.

        a. "Señor Jesús, recibe mi espíritu".

        b. "Señor, no les tomes en cuenta este pecado".

    4. La oración compasiva de Esteban debió de afectar a Saulo el perseguidor (8:1).

## III.  Conclusión

  A. *Las fuentes del poder de Esteban fueron las Escrituras, la entrega a Cristo y las almas*

  B. *¿Qué parte juegan estas fuentes en su testimonio?*

  C. *¿Nos ha privado el descuido de ellas para dar un testimonio dinámico?*

# PEDRO: EL HOMBRE QUE AMPLIÓ SU TESTIMONIO

*Serie sobre testigos*                                    *Hechos 10*

## I. Introducción

A. *Conozca a Cornelio: El soldado que buscaba la salvación*
1. Cornelio era un centurión, capitán de un grupo selecto de soldados romanos.
2. Cornelio tenía muchas buenas cualidades (vv. 1-2).
   a. Era un hombre devoto, temeroso de Dios, que oraba.
   b. Era generoso con los pobres (daba muchas limosnas).
3. Cornelio era sincero y buscaba, pero estaba perdido.

B. *El Salvador que busca salva a pecadores que buscan*
1. Un ángel le dijo que enviara siervos a Jope para buscar a Pedro (vv. 3-8).
2. Hay un problema: Pedro no pensaba que los gentiles podía ser salvos.

C. *El testimonio de Pedro, y el nuestro, necesitaban ser ampliados*

## II. Cuerpo

A. *Dios prepara a Pedro para que amplíe su testimonio (vv. 9-18)*
1. Pedro era ya un testigo exitoso.
   a. Predicó en Pentecostés, y tres mil personas se convirtieron (cap. 2).
   b. En el templo, él oró y un hombre cojo quedó curado (cap. 3).
   c. Después de su segundo sermón, tres mil se salvaron (3:12—4:4)
2. Pedro recibe ahora una visión para que amplíe su testimonio para incluir a los gentiles.
   a. Necesitaba ver que el evangelio es para todos (Jn. 3:16).
   b. Tenía que eliminar los límites estrechos de su testimonio (Ro. 10:9-13).
3. ¿Qué limita los horizontes de su testimonio? ¿A quién está excluyendo de la gracia?

B. *Dios le da a Pedro razones para ampliar su testimonio (vv. 19-33)*
1. El Espíritu Santo instruyó a Pedro en relación con los enviados de Cornelio.
   a. Estos eran posibilidades para ampliar su testimonio: "He aquí, tres hombres te buscan" (v. 19).

161

      b. El testimonio exitoso empieza con fe: "Levántate, pues, y desciende, no dudes de ir con ellos".

  2. Pedro aprendió acerca de la obra de Dios en la vida de Cornelio.

      a. Se informó acerca del carácter de Cornelio.

      b. Supo de la advertencia de Dios a Cornelio de que se necesitaba algo más que buenas obras.

  3. Cornelio tenía a un buen grupo esperando, lo que aumentó las oportunidades de Pedro (v. 24).

  4. Cornelio estaba abierto a Pedro y a su mensaje (v. 25).

  5. Pedro explicó cómo Dios había preparado su corazón para dar testimonio (vv. 26-29).

  6. Cornelio explicó la obra de Dios en su vida que le preparó para oír el evangelio (vv. 30-33).

  7. Cuando Dios nos mueve a dar testimonio, Él prepara a los oyentes para recibir el mensaje.

C. *Dios le concede a Pedro resultados por su testimonio más amplio (vv. 34-48)*

  1. Pedro presentó el evangelio a Cornelio (vv. 34-43).

      a. Explicó todo lo esencial de la salvación de Dios.

      b. Les habló de la muerte y resurrección de Cristo

  2. Pedro citó a los profetas y sus promesas de salvación por la fe.

  3. Cornelio y sus amigos se convirtieron (vv. 44-48).

  4. Gozo y comunión en Cristo siguió a este testimonio eficaz (v. 48).

**III. Conclusión**

A. *Todo un mundo nuevo de testimonio se abrió para Pedro*

B. *Dios quiere que usted amplíe el alcance de su testimonio*

C. *Hay gozo por cada nuevo creyente como resultado de nuestro testimonio más amplio (Sal. 126:6)*

# PABLO: EL TESTIGO A TODOS

*Serie sobre testigos*                                    *Hechos 9:1-20*

## I. Introducción
A. *Pablo aborreció a los testigos cristianos*
1. Él había aprobado el apedreamiento de Esteban (Hch. 7:58—8:1).
2. Hizo todo lo que estuvo en su mano para destruir a la naciente iglesia (vv. 1-2).
B. *Su encuentro con Jesús en el camino a Damasco cambió su vida para siempre*
1. "Señor, ¿qué quieres que yo haga?" (v. 6)
2. "Levántate y entra en la ciudad", eso inició su testimonio por Cristo que duraría por el resto de su vida (v. 6)
C. *Ananías recibió una revelación en relación con Pablo (vv. 10-16)*

## II. Cuerpo
A. *Pablo iba a ser un instrumento escogido (v. 15)*
1. Pablo quedo ciego durante su encuentro con Cristo.
2. Ananías iba a orar por él y restaurarle la vista.
   a. Ananías tenía sus reservas y temores (vv. 13-14).
   b. Dios le dio seguridades.
3. Este testigo sufriría mucho por causa de su fe.
   a. Sería golpeado y encarcelado (2 Co. 11:23-24).
   b. Como Esteban, sería apedreado por causa de su testimonio (11:25).
   c. Viviría siempre en peligro por su vida, pero seguiría dando testimonio (11:26-27).
4. El testimonio de Pablo quedaría claramente definido.
   a. Su predicación estaría centrada en la cruz de Cristo (1 Co. 2:2).
   b. Daría testimonio de la resurrección y del poder de Cristo para salvar (1 Co. 15).
B. *Daría testimonio a los gentiles y a los líderes de las naciones (v. 15)*
1. "Para llevar mi nombre en presencia de los gentiles".
   a. Pablo se convertiría en el más grande misionero de todos los tiempos.
   b. Nada pudo frenarlo, ni la persecución, ni la privación, ni el dolor.
2. Los viajes misioneros de Pablo llevó a muchos a Cristo.
3. Ananías recibió una profecía sobre el testimonio de Pablo ante los gobernantes de las naciones.

163

      a. Habló de Cristo ante Félix y Festo (Hch. 24—25)

      b. Dio testimonio ante el rey Agripa (Hch. 25—26).

   4. Cada vez que se presentaba la oportunidad no dudaba en hablar acerca de su conversión a Cristo.

      a. Dio testimonio con pasión, poder y lágrimas (Hch. 20:20, 31).

      b. ¿Cuándo fue su última vez que habló de Cristo a alguien?

C. *Pablo daría testimonio ante los judíos (v. 15)*

   1. Dios le dijo a Ananías que Pablo daría testimonio a "los hijos de Israel".

   2. Pablo lo hizo con frecuencia en las sinagogas (v. 20; 17:2-3).

      a. Su método: Razonó con ellos acerca de las Escrituras (v. 2).

      b. Su mensaje: Cristo sufrió, murió y resucitó (v. 3).

      c. Su invitación: Cristo es el único salvador para los judíos y los gentiles (Ro. 1:16).

   3. Pablo sintió una gran carga en su corazón por la salvación de su propio pueblo (Ro. 9:1-3; 10:1-4).

**III. Conclusión**

A. *Consideremos algunos de los "todos" en el llamamiento de Pablo*

   1. Él vio que todos somos pecadores y que Cristo es la única esperanza (Ro. 3:10-26).

   2. "A todos me he hecho de todo, para que de todos modos salve a algunos" (1 Co. 9:22).

B. *Sigamos el ejemplo de Pablo de dar testimonio de Cristo a todos (1 Co. 11:1)*

# BERNABÉ: DIO TESTIMONIO AL CUERPO DE CRISTO

*Serie sobre testigos*          *Hechos 4:36-37; 9:26-27; 11:22-25*

**I. Introducción**

  A. *El dar testimonio está por lo general relacionado con la evangelización*
  1. Pedro dio testimonio en el día de Pentecostés (Hch. 2).
  2. Pablo le dio testimonio al carcelero filipense (Hch. 16).
  B. *También se pude dar testimonio ante el cuerpo de Cristo*
  1. Esta clase de testimonio edifica la fe entre los creyentes.
  2. Esta clase de testimonio fortalece a las iglesias.
  C. *Bernabé dio testimonio ante el cuerpo de Cristo*

**II. Cuerpo**

  A. *Bernabé dio testimonio mediante su generosidad (Hch. 4:36-37)*
  1. Se vivían circunstancias difíciles en la iglesia en Jerusalén.
    a. La mayoría había acudido para la Pascua y se habían convertido en Pentecostés.
    b. Muchos de estos convertidos se quedaron y necesitan ayuda para poder sobrevivir.
    c. Los creyentes demostraron su amor juntando los recursos de muchos.
  2. Algunos de los nuevos creyentes se estaban desanimando.
    a. José animó y ayudó a tantos que los apóstoles le pusieron el sobrenombre de Bernabé (hijo de consolación).
    b. "Me gustaría tener un nombre como ese. Me gustaría ser un medio de consolación para el pueblo de Dios" (H. A. Ironside).
  3. Bernabé vendió su heredad y entregó el dinero a la iglesia para atender a las necesidades de otros.
  4. Bernabé fue "como uno llamado a ser predicador del evangelio, se liberó de los asuntos de esta vida" (Matthew Henry).
  B. *Bernabé dio testimonio mediante su saludo (Hch. 9:26-27)*
  1. La conversión de Pablo fue clave para el crecimiento de la iglesia.
    a. Saulo se convirtió de uno que mataba a los cristianos en un misionero.
    b. Fue transformado de un perseguidor en un predicador del evangelio.

2. Cuando Pablo fue a Jerusalén para reunirse con los discípulos, estos le tenía miedo.

   a. "Los creyentes tienden a sospechar de aquellos contra los cuales tienen prejuicios… es necesario ser precavidos pero debemos practicar el amor" (Matthew Henry).

   b. Estos discípulos temerosos casi rechazaron al más grande misionero de todos los tiempos.

3. Bernabé tomó la iniciativa en saludar a Pablo e instar a otros a hacer lo mismo.

   a. "El testimonio de Bernabé autenticó el testimonio de Saulo" (H. A. Ironside).

   b. Bernabé fue un pacificador entre Saulo y los otros discípulos

4. Necesitamos creyentes como Bernabé dispuestos a dar la bienvenida a otros en la familia de Dios.

C. *Bernabé dio testimonio yendo él a las misiones (Hch. 11:22-26; 13:1-2)*

1. Cuando tuvo lugar el avivamiento en Antioquía, a Bernabé le enviaron para averiguar qué estaba pasando.

   a. Los líderes de la iglesia sabían que Bernabé estaría dispuesto a ir.

   b. La iglesia sufre por la falta de personas dispuestas a ir.

2. Bernabé vio la necesidad de ayuda y fue hasta Tarso para buscar a Saulo (v. 25).

3. El avivamiento fue tan auténtico que Bernabé y Saulo se quedaron allí un año.

4. A los discípulos se les llamó por primera vez "cristianos" en Antioquía durante el ministerio de Bernabé y Saulo.

## III. Conclusión

A. *¿Está usted dando testimonio mediante sus ofrendas, saludos y deseo de ir?*

B. *¿Qué sucedería en nuestra iglesia si diéramos testimonio como Bernabé?*

C. *Hagamos de nuestra iglesia un compañerismo de animadores*

# DORCAS: DIO TESTIMONIO MEDIANTE SUS OBRAS

*Serie sobre testigos*                                    *Hechos 9:36-42*

**I. Introducción**
   A. *La naciente iglesia se puso en movimiento*
      1. Miles se salvaron en Jerusalén y otras partes.
      2. Saulo se convirtió en el camino a Damasco.
      3. El evangelio se extendió por Judea, Galilea y Samaria.
   B. *Pedro realizó milagros en Lida y Jope (vv. 32-43)*
      1. Pedro sanó a un paralítico en Lida.
      2. También resucitó a Dorcas en Jope.
   C. *¿Quién era Dorcas y qué hizo?*

**II. Cuerpo**
   A. *Dorcas era una discípula (v. 36)*
      1. Dorcas es la forma griega de su nombre arameo Tabita.
      2. El Espíritu Santo la identifica como una discípula.
         a. Había sido una pecadora pero ahora confiaba en Cristo como su Salvador.
         b. Se había dedicado a Cristo y le seguía en su vida diaria.
      3. El fruto del Espíritu era evidente en la vida de Dorcas.
         a. Su testimonio no eran palabras vacías, sino que otros veían a Cristo en su vida.
         b. Su fe era viva y daba fruto que bendecía a otros.
      4. Las buenas obras debieran fluir de nuestra fe (Ef. 2:8-10).
         a. Jesús dijo que nuestras obras buenas glorificarían a nuestro Padre que está en los cielos (Mt. 5:16).
         b. ¿Ha cambiado su conducta desde su conversión a Cristo? (2 Co. 5:17).
   B. *Dorcas era diligente (v. 36)*
      1. "Abundaba en buenas obras y en limosnas que hacía".
         a. La misericordia de Cristo se veía por medio de ella.
         b. Ella veía a las personas como Dios las veía: En necesidad de su amor.
      2. Las manos de Dorcas se convirtieron en las manos del Señor.
         a. Siempre estaba dispuesta a ayudar a los demás.
         b. Las viudas encontraron que aquellas manos eran manos proveedoras.
      3. Cuando Dorcas murió, los necesitados sintieron la pérdida.
         a. Ella había estado siempre allí respondiendo a sus necesidades.

b. Los había ministrado con amor
4. Las manos de Dorcas habían dado un gran testimonio.
   a. Había cosido muchas prendas de vestir.
   b. Sus manos hablaron del amor de Jesús.
C. *Dorcas enfermó y falleció*
   1. Cuando Dorcas murió, los discípulos enviaron a buscar a Pedro.
   2. Al enterarse de la muerte de Dorcas, Pedro fue.
      a. Las circunstancias debieron recordarle cuando Jesús resucitó a Lázaro (Jn. 11).
      b. Los que lloraban le recordaron a la familia y amigos de Lázaro.
   3. Pedro llamó a la mujer para que volviera a la vida: "Tabita, levántate", y ella resucitó.

## III. Conclusión

A. *Como discípula, Dorcas dio testimonio del poder salvador de Cristo*

B. *Mediante sus obras, dio testimonio de la compasión de Cristo*

C. *¿Dan nuestras obras testimonio del amor y de la compasión de Jesús por todos?*

# LIDIA: DIO TESTIMONIO MEDIANTE LA HOSPITALIDAD

*Serie sobre testigos*                    *Hechos 16:13-15, 40*

## I. Introducción
A. *Lidia es la mujer que se encontró con Pablo y Silas en una reunión de oración (v. 13)*
   1. Cosas buenas suceden cuando nos reunimos con otros para orar.
   2. Lidia fue a la reunión de oración y tuvo su mejor día.
B. *Pablo y Silas predicaron en una pequeña reunión al lado del río*
   1. No esperaron a tener un gran grupo para ministrar la Palabra de Dios.
   2. Ellos abrieron las Escrituras y encontraron oídos atentos.
C. *Conozcamos a Lidia: Una mujer dispuesta a relacionarse con Dios*

## II. Cuerpo
A. *Lidia abrió sus oídos (v. 14)*
   1. Lidia era una mujer de negocios: Vendía púrpura.
      a. Era una mujer gentil de Tiatira que ahora vivía en Filipos.
      b. Había estado buscando al Señor, por eso asistía a una reunión de oración judía.
   2. Lidia adoraba a Dios pero en realidad no le conocía.
      a. Muchos en las iglesias de hoy son como Lidia.
      b. ¿Es usted uno de ellos?
   3. A Lidia le gustaba prestar atención.
      a. Nada podía distraerla del mensaje de Pablo
      b. Lucas dice que Lidia "estaba oyendo".
   4. Muchos escuchan buena predicación, pero no prestan atención.
   5. ¿Cuántos sermones ha escuchado sin realmente oírlos?
B. *El Señor abrió el corazón de Lidia (v. 14)*
   1. Los que buscan al Señor lo encuentran (Jer. 29:13).
   2. Lidia prestó atención y Dios abrió su corazón.
      a. "Y el Señor abrió el corazón de ella".
      b. Cuando esto sucedió, Lidia respondió al evangelio.
   3. Una mujer gentil en una reunión de oración judía recibió a Jesús.
      a. Dios viene a donde estamos y abre nuestros corazones a su Palabra.
      b. ¡Qué gran experiencia debió ser esto para Lidia!

4. Una mujer que buscaba encontró al Salvador y se rindió a Él.

   a. Lidia fue la primera persona convertida en Europa.

   b. Dio a conocer públicamente su conversión por medio del bautismo, como también su familia.

C. *Lidia abrió su hogar (vv. 15, 40)*

  1. La nueva Lidia invitó a Pablo, Silas y Lucas a su hogar.

   a. "Si habéis juzgado que yo sea fiel al Señor".

   b. Lidia usó su fe en Cristo como una razón para la comunión cristiana.

  2. La hospitalidad es un recurso poderoso para el testimonio.

   a. La mujer de negocios "obligó" a estos predicadores a que fueran a su casa.

   b. Ella quería que su familia y vecinos supieran lo que había sucedido.

  3. Después del avivamiento en la cárcel, los predicadores y los nuevos convertidos fueron invitados de nuevo.

**III. Conclusión**

A. *La hospitalidad es una forma maravillosa de mostrar el amor cristiano*

B. *¿A cuántos de la familia de Dios ha invitado usted a su hogar?*

C. *Hagamos de nuestros hogares centros de compañerismo y de evangelismo*

# JUAN: EL TESTIGO DEL AMOR

*Termina la serie sobre testigos*          *1 Juan 3:1, 14-18; 4:9-10*

## I. Introducción

A. *Los escritos de Juan son los favoritos de muchos*
   1. Del Evangelio de Juan se han distribuido millones de ejemplares.
   2. Los escritos de Juan se usan para la evangelización y el crecimiento cristiano.
   3. A los nuevos convertidos se les aconsejan que lean primero el Evangelio de Juan.

B. *La amplitud del testimonio de Juan es amplia*
   1. En su evangelio, nos deja registrada la vida de Cristo.
   2. En sus epístolas, nos enseña a vivir con la seguridad de la salvación.
   3. En Apocalipsis, nos revela los planes proféticos de Dios.

C. *El amor fluye a través del testimonio de Juan*

## II. Cuerpo

A. *Juan dio testimonio acerca del amor de Dios por nosotros (3:1)*
   1. "Mirad, cuál amor nos ha dado el Padre".
   2. Juan estaba pescando cuando Jesús llegó a donde él estaba (Mt. 4:21).
      a. Jesús llamó a Santiago y Juan cuando estaban pescando.
      b. Había algo especial acerca de aquel llamamiento de amor que Juan no pudo resistirse.
   3. Juan aprendió acerca del amor.
      a. Él quería que el Señor enviara fuego del cielo sobre una ciudad samaritana (Lc. 9:51-56).
      b. Él observó el amor de Jesús por la samaritana al lado del pozo (Jn. 4:1-30).
      c. Fue testigo del amor del Señor por la mujer pillada en adulterio (Jn. 8:1-12).
   4. Al mirar a Jesús, Juan vio el amor en acción; y nosotros también podemos.

B. *Juan dio testimonio acerca de nuestro amor por otros (3:14-18)*
   1. Como prueba de que hemos pasado de muerta a vida, debemos amar a los hermanos.
      a. Esa es una señal inconfundible de la salvación.
      b. No podemos amar a Dios y aborrecer a los hermanos en Cristo.

171

    2. Aquí tenemos algunas palabras fuertes: "El que no ama a su hermano, permanece en muerte".

        a. Podemos conocer todos los hechos acerca del evangelio y estar espiritualmente muertos.

        b. Nuestra temperatura espiritual queda reflejada en el termómetro del amor.

    3. El amor por otros cristianos se mide mediante nuestra amabilidad hacia ellos.

        a. Debemos estar dispuestos a dar nuestra vida por aquellos en la familia de Dios.

        b. Cuando están en necesidad, debemos ayudarlos con nuestros recursos.

    4. El egoísmo es lo opuesto del amor (1 Co. 13).

C.   *Juan fue testigo del ejemplo más grande de amor (4:9-10)*

    1. La cruz es el más grande ejemplo del amor de Dios.

        a. Juan estuvo al pie de la cruz y allí recibió una tarea (Jn. 19:25-27).

        b. Allí supo que Dios le amaba y que tenía una tarea para él.

    2. "Dios envió a su Hijo unigénito al mundo".

        a. Al escribir estas palabras debió acordarse de Juan 3:16.

        b. El mensaje de la cruz es el mensaje de la salvación.

    3. El amor de Dios quedó demostrado en la muerte de Cristo por nosotros (v. 10).

## III.  Conclusión

A.  *¿Cuándo fue la última vez que habló a alguien acerca del amor de Dios?*

B.  *¿Qué ha hecho usted para mostrar su amor por otros cristianos?*

C.  *¿Motiva y fortalece el amor de Dios su testimonio?*

## BUENAS NOTICIAS PARA UN
## GOBERNANTE DESESPERADO

*Hechos 13:6-12*

## I. Introducción

A. *Pablo se encontraba en su primer viaje misionero*

1. La obra misionera fue el cumplimiento del propósito de Dios para la vida de Saulo.
2. Pablo y Bernabé fueron llamados por el Señor y enviados por la iglesia de Antioquía.
   a. La iglesia de Antioquía inició el primer gran movimiento misionero.
   b. Marcos acompañó a Saulo y Bernabé en este importante viaje.

B. *Se embarcó para Chipre dónde Bernabé había nacido*

1. Predicó en la sinagoga en Salamina, ministrando primero a los judíos (Ro. 1:16).
2. Conocieron en Pafos a dos hombres que serían recordados.
   a. Barjesús era un hechicero judío dispuesto a oponerse y distraerlos.
   b. Sergio Paulo era un representante romano que quería recibirlos y escucharlos.

## II. Cuerpo

A. *El gobernante romano tenía un deseo (v. 7)*

1. Deseaba escuchar la Palabra de Dios.
2. El representante (procónsul) era un hombre importante.
   a. Su posición era parecida a la de gobernador, pero por un tiempo limitado.
   b. Se dice que era "varón prudente" (inteligente, sensible).
3. Este hombre importante sabía que necesitaba a Dios.
   a. Era consciente de las limitaciones del poder humano.
   b. Deseaba mucho oír una palabra de parte de Dios
4. ¿Tiene usted deseo de oír lo que Dios tiene que decirle?

B. *Este gobernante estaba distraído (vv. 6-11)*

1. Elimas (Barjesús) procuraba apartarle de la fe
2. ¿Quién era este hombre?
   a. Era un judío, un falso profeta, un hechicero (v. 6).
   b. Se llamaba a sí mismo Barjesús (hijo de Jesús).
   c. Se propuso apartar a Sergio Paulo de la fe de Cristo.

3. Las distracciones a menudo vienen de aquellos que dicen tener dones especiales de Dios.
4. Saulo reprendió audazmente a este enemigo de la verdad (vv. 9-10).
   a. Le dijo que estaba lleno de engaño y maldad.
   b. Le llamó hijo del diablo y enemigo de la verdad.
   c. Los siervos de Dios deben denunciar con valor el pecado y la falsa enseñanza.
5. Elimas quedó ciego por su pecaminosa oposición a la verdad.

C. *El gobernante tomó una decisión (v. 12)*
   1. Cuando vio lo que le ocurrió a Elimas, creyó.
      a. Vio que la enseñanza falsa lleva a la ceguera.
      b. Se volvió de la doctrina falsa a la fe en Cristo.
   2. El gobernante quedó asombrado de lo que Saulo dijo acerca de Jesús.
      a. El evangelio fue verdaderamente buenas noticias para él.
      b. La muerte y resurrección de Cristo cautivaron su corazón.

**III. Conclusión**
   A. *El nombre de Saulo cambio a Pablo después de la conversión del gobernante romano*
   B. *"Pablo adoptó el nombre de su ilustre convertido" (H. A. Ironside)*
   C. *Cuando llevamos a otros a Cristo nosotros también quedamos cambiados*

# EL LARGO SERMÓN DE PABLO EN LA SINAGOGA

*Hechos 13:14-46*

## I. Introducción

A. *Pensemos en las dos Antioquías*

1. La iglesia de Antioquía en la costa este del Mediterráneo había enviado a Pablo y Bernabé como misioneros.

2. Ahora estaba ministrando en la Antioquía al norte del Mediterráneo, ubicada en Pisidia, cerca de Galacia.

3. Grandes obras de Dios quedaron establecidas en ambas Antioquías.

B. *Pablo empieza en la sinagoga su poderoso sermón*

1. Pablo muestra a los judíos toda su historia como parte de la obra de Dios.

2. Les contó la historia de Dios desde Moisés en Egipto hasta Josué en Canaán (vv. 16-19).

3. Les habló de la historia de Dios desde los tiempos de los jueces hasta Juan el Bautista (vv. 20-25).

  a. Cristo, el hijo de David, es el Salvador prometido (vv. 22-23).

  b. El Señor y el Cordero proclamados por Juan el Bautista cumplen las profecías de Isaías (vv. 24-28).

C. *Las conclusiones lógicas de toda esta información*

## II. Cuerpo

A. *Cristo es la representación del perdón (v. 38)*

1. El evangelio de las buenas noticias de perdón para todos.

2. "Varones hermanos".

  a. Hay perdón para los judíos, los hermanos de Pablo.

  b. También hay perdón para los gentiles (42).

3. Todos necesitamos perdón porque todos somos pecadores (Ro. 3:10-23).

  a. Las buenas obras no pueden hacer expiación por el pecado (Is. 64:6).

  b. Solo Cristo puede limpiarnos y justificarnos (1 Jn. 1:9).

B. *Los grandes beneficios de creer (v. 39)*

1. "En él es justificado todo aquel que cree".

2. La justificación va más allá del perdón.

  a. El perdón cancela nuestro historial pecaminoso.

  b. La justificación nos declara justos (como si nunca hubiéramos pecado).

3. Hay resultados invalorables al ser justificado.

  a. Tenemos paz con Dios (Ro. 5:1).

  b. Somos salvo de la ira (Ro. 5:9).

      c. No estamos condenados (Ro. 8:1, 33).

4. Estos beneficios no los podemos obtener por medio del cumplimiento de la ley (Ro. 3:20; Gá. 2:16).

      a. Solo están disponibles por medio de la fe debido a la muerte de Cristo (Gá. 3:6-11).

      b. Están a disposición de todos los pecadores a través de la fe (1 Co. 3:6-11).

C. *Hay peligro en dudar (vv. 40-41)*

1. Aquí tenemos una palabra de seria advertencia para los que rechazan el mensaje.

2. "Mirad, pues, que no venga sobre vosotros…"

      a. La oferta de la salvación por gracia es un gran privilegio.

      b. Rechazar esta oferta trae mayor condenación.

3. Recibir a Cristo lleva a la vida… rechazarle lleva a la condenación (Jn. 3:36).

## III. Conclusión

A. *Los oyentes de Pablo respondieron a las buenas noticias*

1. Algunos creyeron y estuvieron dispuestos a saber más (vv. 42-44).

2. Algunos dudaron y hablaron mal de Pablo y Bernabé (v. 45).

B. *¿Cuál es hoy su respuesta al evangelio?*

# ¡SANTOS VIVOS!

*Efesios 1:1; 5:3; Apocalipsis 13:7; Judas 14*

I. **Introducción**
   A. *¿Quiénes son los santos?*
      1. El diccionario define a un santo.
         a. Un santo es una persona piadosa o santa.
         b. Un santo es una persona muy paciente y generosa.
         c. En el Nuevo Testamento, un santo es cualquier cristiano creyente.
      2. La Biblia está de acuerdo con la tercera definición.
   B. *Los santos son hoy personas vivas y conocidas*
      1. Los santos no son aquellos que son reconocidos como tales después de muertos.
      2. ¿Cómo sabemos que esto es cierto?

II. **Cuerpo**
   A. *Pablo escribió a los santos (Ef. 1:1)*
      1. Solo escribimos cartas a los vivos.
      2. Pablo escribió a miembros de iglesia que estaban vivos en ese tiempo
      3. Estas cartas tienen que ver con relaciones personales.
         a. Se les instruye a los pastores y otros líderes a "perfeccionar a los santos" (Ef. 4:12).
         b. El dinero se distribuía para ayudar a los santos necesitados (Ro. 12:13).
      4. Pablo, antes de su conversión, encarcelaba a los santos (Hch. 26:10).
         a. Más tarde él también fue encarcelado (un santo en una celda).
         b. En lugares de persecución, todavía se encarcela a muchos santos.
      5. Es evidente que cada cristiano es un santo.
   B. *La Biblia nos indica las responsabilidades de los santos (Ef. 5:3)*
      1. Aquí tenemos un gran pasaje que habla de vida cristiana (Ef. 5:1-10).
      2. Aquí encontramos la clave para entender esta forma de vivir santa.
         a. "Como conviene a santos".
         b. Tenemos que vivir vidas santas porque somos santos.
      3. Se espera que los santos vivan santamente.
         a. Estamos llamados a ser santos temprano en la mañana y tarde en la noche.

b. Tenemos que ser santos cuando caminamos, hablamos y manejamos, etc.

4. Los santos tienen que representar al Salvador en todo tiempo.

C. *La ira del anticristo se desatará contra los cristianos (Ap. 13:7)*

1. Se avecinan tiempos difíciles para los santos en la tribulación.

2. Muchos serán martirizados durante ese tiempo tan terrible.

3. Las pruebas de la mayoría de los santos son pequeñas en comparación (Ap. 16:6).

4. Los santos están llamados a vencer entonces y ahora mediante la sangre del Cordero (Ap. 12:11).

D. *Los santos regresarán con Cristo para reinar (Jud. 14)*

1. Caminar con Dios le permitió a Enoc ver el futuro reino venidero.

2. Los santos vendrán cabalgando sobre caballos blancos (Ap. 19:11-16).

3. Los santos reinarán con su Salvador y Rey (Ap. 20:6).

III. **Conclusión**

A. *Dios tiene en cada edad un remanente que le representa*

B. *Los santos representan a su Salvador en este mundo malo del presente*

1. ¿Qué clase de representante de Jesús es usted?

2. ¿Qué necesita usted cambiar para que su vida se conforme más con su posición de santo?

# EN LOS LUGARES MÁS ALLÁ DE VOSOTROS

*2 Corintios 10:16*

## I. Introducción

A. *Pablo expresa los deseos de su corazón*
   1. Les ofrece a los corintios la oportunidad de ver lo que hay en su corazón.
   2. Les permite conocer qué es lo que le motiva para seguir adelante.

B. *El más grande de los misioneros desea extender sus fronteras*
   1. Quiere alcanzar a nuevos pueblos para Cristo.
   2. Anhela predicar el evangelio más allá de sus regiones.

C. *Consideremos tres preguntas acerca del gran deseo de Pablo*

## II. Cuerpo

A. *¿Por qué quería Pablo ir a las regiones de más allá?*
   1. Estaba convencido de la condición perdida de todas las personas (Ro. 3:10-23).
      a. No le puso límites a su responsabilidad para alcanzar a otros.
      b. Sintió la responsabilidad de alcanzar a las almas perdidas en todas partes (Ro. 1:14-16)
      c. Moody daba testimonio al menos a una persona perdida cada día.
   2. Pensemos en las preguntas incisivas de Pablo (Ro. 10:13-15).
      a. ¿Cómo invocarán a aquel en el cual no ha creído?
      b. ¿Cómo creerán en aquel de quien no han oído?
      c. ¿Cómo oirán sin haber quien les predique?
      d. ¿Cómo predicarán si no fueren enviados?
   3. El deseo que dominaba a Pablo era alcanzar a los que no conocían Cristo.
   4. ¿Cuál es el deseo dominante de su vida?

B. *¿Qué es lo que Pablo quería decirles a los que vivían en esas otras regiones?*
   1. Anhelaba hablarles del amor de Dios por los pecadores (Ro. 5:8).
      a. ¡Ese era un mensaje revolucionario!
      b. El amor de Dios nos lleva de una religión a una relación personal con Él.
      c. El amor de Dios extiende su gracia a personas culpables que merecen el infierno.

2. Pablo anhelaba darles a los perdidos el evangelio
   (1 Co. 15:3-4).
   a. Cristo murió por nuestros pecados, *conforme a las Escrituras.*
   b. Fue sepultado, *conforme a las Escrituras.*
   c. Resucitó, *conforme a las Escrituras.*
   d. Este mensaje fue autenticado por la Palabra de Dios.
3. Como Pablo, debemos tener una pasión motivadora para comunicarles estas buenas noticias a los pecadores.

C. *¿Dónde empiezan esas regiones de más allá?*
   1. Las regiones de más allá comienza más allá de su área de testimonio.
      a. Empiezan más allá de la puerta de su casa.
      b. Empieza más allá de la puerta del templo.
      c. Empiezan más allá de su último testimonio a un pecador.
   2. Pablo quería ir más allá de cualquier lugar donde había estado antes.
      a. ¿Cuán lejos se ha aventurado usted en su campo misionero?
      b. ¿Cuán lejos está dispuesto a ir?

## III. Conclusión

A. *¿Está usted dispuesto a salir de su lugar de seguridad y comodidad?*

B. *¿Está usted dispuesto a que Dios aumente su posibilidad de alcanzar a otros?*

C. *¿Está usted dispuesto a ir a las regiones de más allá?*

# LA ACCIÓN DE GRACIAS Y LA PAZ

*Día de acción de gracias*           *Filipenses 4:6-7*

## I. Introducción

A. *En la Biblia aparecen mencionadas tres clases de paz*
1. La paz con Dios viene con la salvación (Ro. 5:1).
2. La paz de Dios viene con nuestra rendición (Fil. 4:7).
3. La paz en la tierra vendrá con la segunda venida de Cristo (Is. 2:1-4).

B. *Nosotros nos vamos a centrar hoy en la paz de Dios*
1. Esta es la paz en medio de las dificultades.
2. Pablo nos dice que dejemos de estar afanosos.
   a. Eso es más fácil decirlo que hacerlo
   b. La clave está en un corazón agradecido.

C. *¿Por qué es la acción de gracias la clave para la paz?*

## II. Cuerpo

A. *La acción de gracias nos lleva a mirar al cielo*
1. Las tormentas de la vida pueden hacer que la gratitud sea difícil
2. Todos pasamos por tiempos de dificultades (Jn. 16:33).
3. Los peregrinos soportaron muchas privaciones.
   a. Enfermedades, soledad, casi la mitad de ellos murieron durante el primer invierno.
   b. Una sequía en el verano les llevó a mirar al cielo.
   c. Una lluvia suave cayó en respuesta a su oración.
4. Una buena cosecha les llevó al primer día de acción de gracias.
5. Mirar al cielo a nuestro Ayudador nos ayuda a ser agradecidos.

B. *La acción de gracias nos lleva a mirar a nuestro alrededor*
1. Todos disfrutamos de muchas bendiciones y debiéramos dar gracias por ellas.
2. Pensemos en el Salmo 103, el salmo de la gratitud.
   a. "No olvides ninguno de sus beneficios"
   b. Esos beneficios incluyen el perdón de pecados, la salud y el alimento diario, la familia, los amigos, etc.
3. Debiéramos empezar cada día dando gracias a Dios por sus muchos beneficios.
   a. Los beneficios del amor y la gracia de Dios.
   b. Los beneficios de la salvación por la fe.
   c. Los beneficios de tener la Biblia.
4. Tenemos el privilegio de la oración.

    a. No hay razón para llenarse de ansiedad porque la oración hace que las bendiciones de Dios estén a nuestra disposición.

    b. La acción de gracias le agrega expectación a la oración y le permite a la fe esperar las respuestas.

C. *La acción de gracias nos anima a mirar al futuro*

  1. La duda nos lleva a arrugarnos y encogernos, temerosos de lo que el mañana pueda traer.

  2. La fe da la bienvenida al futuro con optimismo, esperando lo mejor.

  3. Pablo nos deja ver lo que contiene un corazón agradecido

    a. Contiene lo que es verdadero, honesto, justo, puro, amable, bueno, virtuoso.

    b. La gratitud nos lleva a creer que lo mejor está todavía por venir.

  4. ¿Es su mente un lugar de pensamientos agradecidos que le edifican?

**III. Conclusión**

A. *¿Cómo reacciona usted al mirar arriba, a su alrededor y al futuro?*

B. *¿Le asustan estas realidades?*

C. *Pídale a Dios que le dé un corazón que sepa apreciar sus bendiciones diarias*

# LA GRATITUD: EL SECRETO DEL CONTENTAMIENTO

*Día de acción de gracias*                                    *1 Timoteo 6:6*

## I. Introducción

A. *Todo el mundo busca contentamiento*
   1. Algunos esperan obtener el contentamiento por medio de la riqueza o el éxito.
   2. Otros esperan conseguirlo por medio de los logros personales.
   3. Muchas personas ricas, exitosas y célebres no viven contentas.

B. *Un corazón agradecido es la clave para el contentamiento*
   1. Las personas agradecidas han descubierto cómo vivir contentas.
   2. Vea mi libro *Staying Positive in a Negative World* [Cómo permanecer positivo en un mundo negativo] (Grand Rapids: Kregel, 1997).

C. *El porqué del contentamiento de las personas agradecidas*

## II. Cuerpo

A. *Las personas agradecidas se regocijan con lo que tienen*
   1. "Contentos con lo que tenéis ahora" (He. 13:5).
      a. Esa es la clave para controlar la codicia.
      b. El contentamiento nos libera de la ambición por las posesiones.
   2. Pablo estaba contento porque vivía con continua gratitud (1 Ts. 5:18).
      a. Un corazón agradecido le llevaba a estar contento todo el tiempo (Fil. 4:11-12).
      b. Este contentamiento no se basaba en lo que tenía (v. 12).
      c. Cristo hacía que estuviera contento en toda circunstancia (v. 13).
   3. Las personas agradecidas reconocen que todo es transitorio.
      a. Nacemos desnudos y salimos de este mundo sin nada.
      b. Si tenemos alimento y vestido, podemos estar contentos (1 Ti. 6:7-8).

B. *Las personas agradecidas rehúsan dejarse dominar por lo que no tienen*
   1. El deseo de ser rico domina a muchas personas.
      a. Eso los lleva a quedar atrapados en la trampa del diablo.

b. Anhelar ser rico es una "testación y lazo" (1 Ti. 6:9).
2. El amor al dinero es la raíz de todos los males (6:10).
   a. El amor al dinero le costó su alma al joven rico (Lc. 18:23).
   b. Liberarse del amor al dinero fue la salvación de Zaqueo (Lc. 19:1-10).
3. Es costoso perseguir sueños de dinero y posesiones.
   a. Muchos pasan años en la cárcel por tratar de obtener dinero ilegalmente.
   b. Muchos pierden su familia y reputación por perseguir el dinero.
4. ¿Se ve usted dominado por cosas que desea pero que no tiene?

C. *Las personas agradecidas reconocen que Dios les ha dado todo lo que tienen*
1. "Gran ganancia es la piedad acompañada de contentamiento" (1 Ti. 6:6).
   a. Dinero sin Cristo lleva a la carnalidad.
   b. Posesiones sin el Príncipe de paz nunca satisfacen.
2. El contentamiento viene al conocer y servir a Cristo.
   a. Responder a su amor mediante la fe nos trae vida nueva.
   b. Recordar que somos pecadores salvados por fe nos hace agradecidos.
3. Todo lo que tenemos proviene de la mano amorosa de nuestro Salvador (Stg. 1:17).

**III.  Conclusión**
A. *¿Es usted un cristiano que vive con contentamiento?*
B. *¿Ven los demás la razón de su paz?*
C. *¿Lleva su contentamiento a que otros busquen a Dios?*

# LA MUERTE NO TIENE LA ÚLTIMA PALABRA

*Comienza la serie sobre el cielo*          *1 Corintios 15:55-57*

I. **Introducción**
   A. *La muerte es un tema que preferimos evitar*
      1. A nadie le gusta pensar en la muerte.
      2. ¿Por qué entretenerse con algo tan terrible?
   B. *La muerte es nuestro enemigo (1 Co. 15:26)*
      1. La muerte no es natural; fuimos creados para vivir.
      2. La muerte vino por causa del pecado (Ro. 5:12; 6:23).
      3. Jesús lloró ante una tumba (Jn. 11:35).
         a. Llorar demuestra a los seres amados el dolor de la muerte.
         b. Las tumbas nos recuerdan que la muerte nos afecta a todos (He. 9:27).
   C. *Pero la muerte no es la que tiene la última palabra*

II. **Cuerpo**
   A. *La salvación nos dice que la muerte no tiene la última palabra*
      1. Jesús vino a restaurar lo que se perdió por causa del pecado.
         a. Él vino a buscar y a salvar lo que se había perdido (Lc. 19:10).
         b. Vino para dar vida a los pecadores moribundos (Jn. 11:25).
      2. Jesús conquistó las dos clases de muerte.
         a. Conquistó la muerte espiritual (Ef. 2:5-9).
         b. Conquistó la muerte física (1 Co. 15:55-57).
      3. La fe en Cristo nos trae vida eterna (Jn. 3:16).
      4. La vida eterna es una posesión presente de los creyentes (Jn. 3:36; 1 Jn. 5:12).
   B. *El cielo nos dice que la muerte no tiene la última palabra*
      1. La salvación cambia el destino del alma, terminando con el poder de la muerte.
      2. Los salvados van al cielo cuando mueren.
         a. Morir es ganar (Fil. 1:21).
         b. Partir y estar con Cristo es mucho mejor (Fil. 1:23).
      3. Los cristianos van a estar con el Señor cuando mueren (2 Co. 5:8).
      4. El cielo es mejor que la tierra (Jn. 14:1-3).
         a. Cristo ha preparado lugar para nosotros en el cielo.
         b. Nuestros seres amados que murieron en Cristo nos esperan en el cielo.

    c. Veremos a Jesús y pasaremos la eternidad con Él.

C. *La resurrección nos dice que la muerte no tiene la última palabra*

  1. Hay tres grandes garantías en la resurrección de Cristo.

    a. Tenemos garantizado a nuestro Salvador (Ro. 1:4).

    b. Tenemos garantizada nuestra salvación (1 Co. 15:14-20).

    c. Tenemos garantizada una resurrección similar (v. 20).

  2. Cristo resucitará nuestros cuerpos (1 Ts. 4:13-18).

    a. Nuestros cuerpos resucitados nunca volverán a sentir el dolor.

    b. Seremos como Jesús (1 Jn. 3:1-2).

  3. El sufrimiento de ahora no se puede comparar con la gloria venidera (Ro. 8:18).

**III. Conclusión**

A. *Recordemos las dos preguntas burlonas de Pablo sobre la muerte (v. 55)*

B. *La conquista de la muerte por Cristo garantiza nuestra victoria*

C. *El Conquistador merece nuestra devoción y servicio (v. 58)*

# PRESENTES CON EL SEÑOR

*Serie sobre el cielo*                                    *2 Corintios 5:8*

I. **Introducción**
  A. *Vivimos en templos temporales*
    1. Nuestros años en la tierra son limitados.
    2. Disponemos de setenta a ochenta años, más o menos (Sal. 90:10).
    3. La ciencia médica no ha sido capaz de eliminar la muerte.
  B. *Pablo tenía confianza en cuanto a su futura muerte*
    1. Estaría ausente de este cuerpo débil.
    2. Estaría presente con su Señor omnipotente.
  C. *¿Qué significará estar presente con el Señor?*

II. **Cuerpo**
  A. *Quedaremos liberados de las limitaciones del cuerpo*
    1. Nuestros cuerpos son maravillas de la creación (Gn. 2:7).
      a. Hechos del polvo de la tierra (Gn. 2:7).
      b. Reciben la vida mediante el soplo divino.
    2. "Te alabaré; porque formidables, maravillosas son tus obras" (Sal. 139:14).
      a. Somos milagros que caminan salidos de la mano del Creador.
      b. Los investigadores médicos se maravillan de nuestra complejidad.
    3. Con todo, la vida en el cuerpo tiene sus límites.
      a. La mala salud y las incapacidades pueden limitarnos
      b. La edad acentúa las limitaciones.
    4. Cuando estamos presentes con el Señor, estas restricciones terminarán.
  B. *Seremos recibimos en las esferas de la gloria*
    1. Experimentaremos un gran cambio: Ausentes del cuerpo, presentes con el Señor.
      a. Experimentaremos algo negativo, seguido por algo muy positivo.
      b. La muerte aquí abajo significa la vida allá arriba.
    2. Estar presentes con el Señor significa llegar al cielo.
      a. No hay dudas en cuanto en dónde está Jesús: En el cielo.
      b. Después de la resurrección, Él ascendió al cielo.
      c. Estaremos con Él después de dar nuestro último suspiro.
    3. Las descripciones del cielo se quedan cortas.

      a. Nunca hemos visto un lugar como el cielo.

      b. Nunca podremos imaginarnos del todo un lugar como el cielo.

    4. El cielo será nuestro hogar.

  C. *Nos regocijaremos con los redimidos de todos los tiempos*

    1. Piense en pasar la eternidad con los héroes de la fe.

      a. Nos reuniremos con todos las grandes siervos de Dios (He. 11).

      b. Esos gigantes de Dios serán nuestros compañeros para siempre.

    2. Nunca nos cansaremos de regocijarnos en la redención (Ap. 5:9).

    3. "Digno es el Cordero" será nuestro cántico.

**III. Conclusión**

  A. *¿Qué tienen que ver todo esto con la vida hoy?*

    1. Cada día debiéramos alegrarlo con las posibilidades del cielo.

    2. Cada carga debiéramos aligerarla con la promesa de lo venidero.

  B. *¿Está usted seguro del cielo? Resuelva esta pregunta hoy*

# MÁS ALLÁ DE NUESTROS SUEÑOS MÁS GRANDES

*Serie sobre el cielo*                    *1 Corintios 2:9-10*

## I. Introducción

A. *Este texto es acerca del futuro de cada cristiano*
1. Este texto inspira esperanza.
2. Este texto aumenta nuestra expectación.
3. Este texto parece demasiado bueno para ser verdad.

B. *Este texto tiene que ver con el cielo*
1. Este texto extiende nuestra imaginación.
2. Este texto describe el futuro fantástico de los fieles.

## II. Cuerpo

A. *Pensemos en nuestro sueño futuro*
1. La mayoría de nosotros tenemos sueños.
   a. Soñamos con conocer a una persona especial.
   b. Soñamos con el éxito financiero.
   c. Soñamos con una familia y hogar bellos.
2. Algunos sueños se hacen realidad y otros se quedan cortos.
   a. Algunos se llevan a cabo y otros fallan.
   b. Algunos obtienen verdaderas riquezas y otros pierden lo que importa.
3. La fe en Cristo nos introduce a sueños nuevos.
   a. Esas metas no podríamos alcanzarlas sin Él.
   b. No tenemos verdadero compañerismo aparte de la familia de Dios.
   c. Tenemos una esperanza eterna que el mundo no puede entender.

B. *Nuestro futuro se extiende más allá de nuestros más grandes sueños*
1. Es inútil tratar de describir el cielo.
2. "Cosas que ojo no vio".
   a. Nunca hemos visto algo semejante al cielo.
   b. Haga su viaje soñado alrededor del mundo, y se quedará corto en cuanto al cielo.
   c. Reviva sus mejores recuerdos y no estarán a la altura del cielo.
3. "Ni oído oyó".
   a. Nunca oiremos de un lugar que sea tan maravilloso como el cielo.
   b. El orador más elocuente no puede describir el cielo.

      c. Los más grandes artistas no pueden pintar el cielo, ni los compositores pueden escribir su música.

    4. "Ni han subido en corazón de hombre".

      a. Todos los sueños se quedan cortos de lo que nos espera en el cielo.

      b. La imaginación falla en percibir las glorias de nuestro hogar en el cielo.

  C. *Nuestro hogar de ensueño ha sido preparado por Dios mismo*

    1. "Son las que Dios ha preparado para los que le aman".

    2. El cielo ha sido preparado para los que confían en Jesús (Jn. 14:1-3).

    3. ¡Cuán grande es el amor de nuestro Padre!

      a. Su amor lo experimentamos en dónde y cómo estamos (Ro. 5:8).

      b. Su amor nos garantiza la vida eterna (1 Jn. 5:11-13).

**III. Conclusión**

  A. *El Espíritu Santo nos concede una visión de la gloria (v. 10)*

  B. *Él abre la Biblia y nos deja que participemos en el sueño*

  C. *Abra usted su corazón y déjele entrar al Salvador (Ap. 3:20)*

# EL CÁNTICO DEL CIELO

## I. Introducción

A. *¿Qué nos espera en el cielo?*

1. Esta es una pregunta con muchas respuestas.

   a. El cielo es un lugar de belleza, de alabanza, de consuelo, de descanso, de regocijo.

   b. El cielo es donde nos encontraremos con Jesús, con los ángeles, los seres amados y los santos de los tiempos pasados.

2. El cielo es también un lugar donde se canta, así que prepárese para unirse al coro.

3. "No habrá tristeza el día cuando me encuentre con Jesús, cada día que vivo espero y anhelo poner mis pies en las calles del cielo, y escuchar el coro de los ángeles" (Roger Campbell).

B. *¿Qué clase de cánticos se entonarán en el cielo?*

1. No tenemos ni idea acerca del ritmo y tono de los cielos.

2. El mensaje está bien claro y eso es lo que más importa.

## II. Cuerpo

A. *El cántico del cielo será acerca del Redentor (v. 9)*

1. El libro con los siete sellos está en las manos de Dios (v. 1).

   a. Se busca a alguien que sea digno de abrir el libro (vv. 2-4).

   b. No se encontró a nadie en la tierra ni en el cielo que fuera digno.

2. Aparece el que es digno (vv. 5-8).

   a. Es el León de la tribu de Judá: Jesús.

   b. Es de la raíz de David: Jesús.

   c. Es el Cordero que ha sido inmolado: Jesús.

3. Nuestro cántico en el cielo será sobre el que es digno: Jesús.

B. *El cántico del cielo será acerca de la redención (v. 9)*

1. "Tú fuiste inmolado, y con tu sangre nos ha redimido para Dios".

2. Nunca nos cansaremos de cantar acerca de la historia de Cristo.

   a. La historia de los pecadores perdidos salvados por la sangre del Cordero derramada en la cruz.

   b. La historia de los pecadores redimidos limpiados por el poder del evangelio.

3. "Tendremos la gran compañía de todos los puros y santos, purificados por la sangre de Cristo. Pero notemos cuidadosamente a quién cantan allá arriba. Atribuyen la redención completamente al Cordero de Dios y a su obra" (H. A. Ironside. *Lectures on Revelation* [Conferencias acerca de Apocalipsis] [Neptuno, N. J.: Loizeaux, 1990], 96).

4. Juan el Bautista escribió el primer verso del cántico del cielo: "He aquí el Cordero de Dios, que quita el pecado del mundo" (Jn. 1:29).

C. *El cántico del cielo será acerca de reinar con el Redentor (v. 10)*

1. "Y reinaremos sobre la tierra".

2. ¿Quiénes son esos que reinarán con Cristo?

   a. Son pecadores salvados por gracia por medio de la fe (Ef. 2:8-9).

   b. Han sido transformados por el poder de Cristo (2 Co. 5:17).

3. El amor de Dios ha hecho posible que pecadores perdidos se conviertan en reyes y sacerdotes de Dios.

   a. Teníamos un pasado muy pobre, pero ahora tenemos un futuro fabuloso.

   b. Reinaremos con el Cristo vencedor en su reino venidero.

**III.  Conclusión**

A. *Debiéramos empezar a practicar para el coro del cielo*

B. *El Redentor de los pecadores es digno de toda nuestra devoción*

C. *El cántico del cielo debiera llenar nuestros corazones con alabanza cada día.*

# EL CIELO: EL LUGAR DE ALABANZA

## I. Introducción

A. *El cielo estará bien poblado (v. 1)*
   1. "Oí una gran voz de gran multitud".
   2. Todos los santos de todos los tiempos estarán allí.
   3. Todos los resucitados y los arrebatados estarán allí.

B. *Las puertas del Hades no han prevalecido contra la iglesia*
   1. Millones han creído a pesar del costo.
   2. El cielo será un lugar feliz de creyentes que alaban.

C. *¿Por qué habrá allí toda esta alabanza?*

## II. Cuerpo

A. *Alabaremos a Dios por lo que Él es (v. 1)*
   1. "¡Aleluya!": Él es digno de nuestra alabanza.
   2. Salvación: Él nos provee de perdón y vida eterna.
      a. Éramos pecadores destinados al infierno.
      b. Su amor nos alcanzó allí donde estábamos.
      c. Su gracia hizo que nuestra salvación fuera posible.
   3. Honra y gloria: Saca a los pecadores de su vergüenza.
      a. Honra a los que no la tienen.
      b. Hace partícipes de su gloria a aquellos que carecen de ella.
      c. Hace de los pecadores caídos ciudadanos del cielo (Fil. 3:20)
   4. Poder: Su evangelio contiene poder para salvar (Ro. 1:16).

B. *Alabaremos a Dios por lo que Él ha hecho (vv. 2-5)*
   1. "Porque sus juicios son verdaderos y justos".
   2. Dios siempre hace lo que es correcto.
      a. "Dios siempre actúa como Él es" (A. W. Tozer).
      b. El carácter de Dios nos asegura que Él siempre actuará rectamente.
   3. Aquí vemos que Dios ha juzgado al sistema religioso corrompido de la tribulación.
      a. Ha sembrado el mal desde la caída del hombre.
      b. Nunca debiéramos cuestionar los juicios justos de Dios.
   4. Los santos en el cielo alaban a Dios por sus acciones justas.
      a. Los ángeles se unen al coro de alabanza por la justicia de Dios.

    b. "La justicia debe siempre prevalecer... porque el Dios soberano siempre prevalecerá" (A. W. Tozer).

    5. Jesús cargó con nuestro juicio en la cruz (Is. 53:5-6).

C. *Alabaremos a Dios por lo que Él hará (v. 6)*

    1. "El Señor nuestro Dios Todopoderoso reina".

       a. Esa gran afirmación viene después del "aleluya" unánime.

       b. Toda la creación queda incluida en esta introducción.

    2. Dios llevará a cabo sus planes para el futuro.

    3. Podemos descansar en las promesas de Dios para todos nuestros mañanas.

## III. Conclusión

A. *¿Está su corazón continuamente lleno de alabanza?*

B. *¿Va usted camino del cielo, el lugar de perpetua alabanza?*

C. *¿Está usted alabando a Dios a diario en preparación para aquella eterna alabanza?*

# LAS BODAS DEL CORDERO

## I. Introducción

A. *Aquí tenemos el anuncio de boda más notorio de la historia (v. 6)*
   1. Es anunciado mediante la voz de una gran multitud.
   2. Es anunciado mediante el sonido de muchas aguas.
   3. Es anunciado mediante grandes truenos.

B. *Estas bodas maravillosas tienen lugar en el cielo*
   1. Son las bodas de Cristo y de su iglesia.
   2. Fue profetizado por Juan el Bautista (Jn. 3:25-30).
   3. Pablo también lo describe (Ef. 5:25-33).
      a. Compara el matrimonio terrenal y el de Cristo.
      b. El amor de Cristo por la esposa es el ideal para todo el que se casa.

C. *El Esposo, la esposa y la gran recepción quedan descritas*

## II. Cuerpo

A. *Aparecen descritos el Esposo y su regalo (v. 7)*
   1. "Han llegado las bodas del Cordero".
      a. Las bodas se refieren al don de vida eterna por medio de la sangre de Cristo.
      b. Juan el Bautista fue el primero en llamar a Jesús el Cordero.
      c. Los sacrificios del Antiguo Testamento se cumplieron en la muerte de Jesús.
   2. Cristo se dio a sí mismo por la iglesia (Ef. 5:25).
   3. El regalo de bodas del Cordero fue adquirido mediante su sangre (1 P. 1:19).
   4. Es el regalo más valioso jamás dado por un esposo a su esposa.

B. *Se describe a la esposa y a su vestido (vv. 7-8)*
   1. "Su esposa se ha preparado".
      a. La esposa está vestida para la boda.
      b. Las prendas que componen el vestido son regalos del Esposo.
   2. La esposa va vestida de lino fino, limpio y resplandeciente.
      a. El vestido habla de la justicia de los santos.
      b. Carecemos de justicia propia (Is. 64:6).
      c. Nuestra justicia viene por la fe (Ro. 10:4).
   3. Las acciones justas de los creyentes son posibles mediante el poder de Cristo (Ef. 2:10).

C. *Se describe la cena y a los invitados (v. 9)*
1. "Bienaventurados los que son llamados [invitados]"
2. ¿Quiénes son estas personas invitadas?
    a. Juan el Bautista se identificó a sí mismo como uno de ellos (Jn. 3:29).
    b. Los invitados son los amigos del Esposo
3. ¿Quiénes son los amigos del Esposo?
    a. Son los santos que vivieron antes del tiempo de la iglesia.
    b. Los héroes antiguos de la fe vienen a nuestras bodas.
4. ¿Cuál es la cena de las bodas del Cordero?
    a. Quizá el culto de Santa Cena más grandioso de todos los tiempos.
    b. Una celebración para todos los creyentes de antes y después de la cruz.

III. **Conclusión**
A. *¿Ha respondido usted al amor del Cordero?*
B. *¿Ha confiaao en el Cordero como su Salvador y Señor?*

# EL REY VIENE

## I. Introducción

A. *Esta es la parte descuidada de la historia de Navidad*

   1. Hacemos correctamente hincapié en las profecías y el nacimiento virginal (Is. 7:14).

   2. Nos enfocamos correctamente en el establo de Belén (Mi. 5:2).

   3. A menudo descuidamos al Rey y su reino que vienen.

B. *Un Rey nació en Belén, cumpliéndose las Escrituras*

   1. El Hijo de María recibiría el trono de David (Lc. 1:32).

   2. Los magos del Oriente acudieron buscando a un rey recién nacido (Mt. 2).

C. *Se contrastan la redención, el arrebatamiento y la revelación*

## II. Cuerpo

A. *Aquí vemos al Rey que viene (vv. 11-13)*

   1. "Entonces vi el cielo abierto".

   2. Cristo descendió del cielo para entrar en el vientre de María.

      a. Esto fue para llevar a cabo el milagro de la redención (Fil. 2:5-8).

      b. Nació de una virgen en un establo en Belén (Lc. 2).

      c. Murió en la cruz para redimirnos (1 P. 1:18-19).

   3. Cristo descenderá del cielo para el arrebatamiento y regresará allí con su esposa (1 Ts. 4:13-18).

   4. Cristo saldrá del cielo montado sobre un caballo blanco.

      a. A este Jinete se le llama "Fiel y Verdadero" (sin pecado).

      b. Su vestidura es una "ropa teñida en sangre" (su muerte en la cruz).

      c. Su nombre es: El Verbo de Dios (Jn. 1:1-14).

B. *Aquí vemos al Rey a la cabeza de su ejército (vv. 13-14)*

   1. "Y los ejércitos celestiales... le seguían".

   2. El himno "Firmes y adelante huestes de la fe" toma una nueva dimensión.

      a. Estos soldados están vestidos de lino finísimo, blanco y limpio.

      b. Esa es la vestidura de la iglesia en las bodas del Cordero.

      c. La iglesia se convertirá en parte del ejército del cielo.

   3. Estos soldados siguen a su gran General.

      a. Cabalgan sobre caballos blancos como su Rey.

      b. Debemos seguir a nuestro Rey cada día como preparación para el futuro.

    4. Los cristianos deben ir de victoria en victoria y no de derrota en derrota (v. 14).

C. *Aquí vemos al Rey conquistador (vv. 15-21)*

    1. Nuestro Rey irá armado con una espada aguda.

      a. Él conquistará mediante el poder de su Palabra.

      b. Puede hacerlo a diario mediante ese mismo poder.

    2. Cristo es el Rey de reyes y Señor de señores (v. 16).

    3. Cristo rematará la batalla del Armagedón (vv. 17-21).

      a. Los ejércitos de la tierra se reunirán en el Medio Oriente.

      b. El poderío militar del mundo se levantará en contra de Cristo en su venida.

    4. Las armas de la tierra no servirán de nada ante nuestro Rey.

**III.  Conclusión**

    A. *Los cristianos van camino de su victoria suprema*

    B. *Esperemos cada día victorias personales*

    C. *Satanás puede ser conquistado por los que pertenecen al Señor y Rey*

# LA ADMIRABLE CIUDAD DEL CIELO

*Termina la serie sobre el cielo*  *Apocalipsis 21*

## I. Introducción

   A. *Aquí vemos a la nueva Jerusalén*

      1. Esta es la visión de Juan de una ciudad edificada en el cielo.

      2. Esta ciudad descenderá a la nueva tierra.

         a. Descenderá luego del reinado milenario de Cristo.

         b. Será la futura ciudad capital del mundo.

   B. *Será una ciudad donde no habrá lágrimas*

      1. Todas las lágrimas serán enjugadas en esta gran ciudad (v. 4).

      2. No habrá muerte, ni llanto, ni clamor ni dolor.

   C. *Será una ciudad admirable*

## II. Cuerpo

   A. *Primero, será admirable por sus medidas (vv. 10-17)*

      1. Estará rodeada por un gran muro.

         a. Habrá doce grandes puertas en el muro.

         b. En cada puerta habrá un ángel.

         c. Las puertas llevarán los nombres de las doce tribus de Israel.

      2. El muro tendrá doce cimientos que llevarán los nombres de los doce apóstoles.

      3. La ciudad tendrá 2.400 kilómetros de largo, de ancho y de alto.

         a. Es como si se extendiera desde el estado de Maine al de Florida; desde el Atlántico hasta *Pike's Peak*.

         b. Esto no es todos los cielos. Solo un ejemplo de la ciudad de Dios.

      4. Habrá abundancia de espacio para todos los salvados de todos los tiempos.

   B. *Segundo, será admirable por su belleza (vv. 18-21)*

      1. Los cimientos de los muros estarán adornados con piedras preciosas.

      2. Las doce puertas estarán hechas de una perla.

      3. Las calles de la ciudad serán de oro puro.

   C. *Tercero, será admirable por su adoración (v. 22)*

      1. No se necesitarán templos en esta gran ciudad.

      2. Toda adoración estará dirigida directamente al que es digno.

         a. No habrá dioses falsos en la ciudad: No idolatría, ni herejía.

    b. El Señor Dios Todopoderoso recibirá toda la gloria y
       alabanza.
  3. "Digno es el Cordero" es el coro de alabanza que se
     escucha allí.
D. *Cuarto, será admirable por su iluminación (v. 23)*
  1. No habrá necesidad del sol ni de la luna para su
     iluminación.
  2. La luz procederá de la gloria de Dios.
  3. Allí no habrá noche (v. 25).
E. *Quinto, será admirable por sus habitantes (vv. 24-27)*
  1. Los salvados por la sangre del Cordero.
  2. No habrá crímenes, ni inmoralidad, ni violencia.
  3. Los ciudadanos serán todos los que sus nombres se
     encuentren en el libro de la vida del Cordero.

III. **Conclusión**
  A. *¿Está usted listo para esta ciudad asombrosa?*
    1. ¿Ha puesto su fe en Cristo Jesús?
    2. ¿Han cambiado su oscuridad por la luz?
  B. *El Constructor de la ciudad maravillosa del cielo le está
     esperando a usted*

# NAVIDAD EN CÓDIGO

*Navidad*                                        *Lucas 2:10*

## I. Introducción

A. *Navidad es la estación de las cosas admirables (asombrosas, maravillosas)*
   1. Fue admirable el nacimiento virginal (Is. 7:14).
   2. Fueros admirable los mensajes de los ángeles a María, José y los pastores.
   3. Fue admirable la encarnación (Fil. 2:5-7).

B. *La Navidad se celebró en tiempo de persecución*
   1. Nosotros hablamos aquí con libertad de esas cosas admirables y debiera ser así.
   2. Está aumentando la persecución de los cristianos alrededor del mundo.
   3. Los creyentes perseguidos tuvieron a veces que expresar su fe en código.

C. *Fue compuesta una canción infantil en código para la primera Navidad*

## II. Cuerpo

A. *María tuvo un corderito*
   1. "Y dio a luz a su hijo primogénito".
   2. La Navidad no empezó en Belén.
      a. La promesa de Dios de enviar a su Hijo empezó en el Edén (Gn. 3:15).
      b. La Navidad fue anticipada en la primera ofrenda de Abel de un cordero.
   3. Juan el Bautista dijo: "He aquí el Cordero de Dios" (Jn. 1:29).
      a. No nos asombra que los pastores fueran los primeros en el establo y los primeros evangelistas.
      b. Los cristianos van de camino al cielo, donde se adora al Cordero.
   4. El Cordero es la luz de la ciudad santa (Ap. 21:23).
   5. Los nombres de los santos en el cielo están en el libro de la vida del Cordero.

B. *Su lana era blanca como la nieve*
   1. "Y lo envolvió en pañales".
   2. En la Biblia, el blanco es el color de la santidad.
      a. Los pecadores acuden a Jesús y sus pecadores quedan como blanca lana (Is. 1:18).
      b. Los pecadores perdidos serán juzgados ante el gran trono blanco (Ap. 20:11).

3. No hay implicaciones raciales en que el blanco sea el color de la santidad.
   a. Las personas de todos los colores son pecadores (Ro. 3:23).
   b. Todas las personas están hechas de una misma sangre (Hch. 17:26).
   c. Las personas de todas las razas son descendientes de Adán y luego de Noé.
4. El que era sin pecado fue envuelto (después de la cruz) con telas blancas y hace que los pecadores queden limpios.

C. *Podemos estar seguros de que a todo lugar donde iba María iba el Cordero*
   1. "Y lo acostó en un pesebre".
   2. El pesebre habla de la disponibilidad de Cristo para todos.
      a. Jesús vino a buscar y a salvar lo que se había perdido (Lc. 19:10).
      b. Él puede salvar a todos los que acuden a Él (He. 7:25).
   3. Nunca estarán solos los que pertenecen a Cristo.
      a. "He aquí yo estoy con vosotros todos los días" (Mt. 28:18-20).
      b. "No te desampararé, ni te dejaré" (He. 13:5).
      c. Él está con nosotros a lo largo de toda la vida, luego nosotros vamos a estar con Él (Sal. 23).

## III. Conclusión

A. *El evangelio es tan sencillo que puede ser codificado en una canción infantil*
B. *Una fe de niños en Cristo es lo que nos asegura el cielo*
C. *Reciba en su corazón al Cordero y disfrute para siempre su comunión*

# TODAVÍA QUEDA TIEMPO EN ESTE AÑO

*2 Corintios 6:1-2; Hechos 9:6; Apocalipsis 22:12*

## I. Introducción

A. *Estamos en la cuenta regresiva del año*
   1. Solo quedan unas pocas horas para que llegue el Año Nuevo.
   2. Toda la vida es una cuenta regresiva, de modo que todo momento es importante.

B. *Muchos comenzaron este año con grandes expectativas*
   1. Algunos están desilusionados con lo que han conseguido.
   2. Algunos piensan que ha sido un año perdido.

C. *Buenas noticias: Todavía queda tiempo para hacer que este año sea especial*

## II. Cuerpo

A. *Todavía tiene tiempo para ser salvo (2 Co. 6:1-2)*
   1. "He aquí ahora el día de salvación".
   2. Usted está vivo y, por tanto, tiene tiempo para ser salvo.
      a. Tiene tiempo para admitir que es un pecador (Lc. 18:13; Ro. 3:23).
      b. Tiene tiempo para creer que Dios le ama (Jn. 3:16).
      c. Tiene tiempo para creer que Cristo murió por usted (Ro. 5:8).
      d. Tiene tiempo para creer que Cristo resucitó de los muertos (Ro. 10:9).
      e. Tiene tiempo para aceptar a Cristo por fe y ser salvo (Ro. 10:13).
   3. La salvación tiene lugar en el momento en el que creemos (Hch. 16:31).
   4. La salvación no es complicada, todo lo que se requiere es fe en Cristo (Ro. 5:1).
   5. Los que confían en Cristo tienen la seguridad de la salvación (1 Jn. 5:11-13).
   6. Uno de los versículos más tristes de la Biblia es el clamor de los que no fueron salvos (Jer. 8:20).

B. *Todavía queda tiempo para rendirse (Hch. 9:6)*
   1. "¿Qué quieres que yo haga?"
   2. La conversión de Pablo es la historia de un nuevo comienzo.
      a. Saulo parecía tenerlo todo, pero en realidad no tenía nada.
      b. Saulo, el perseguidor de cristianos, quedó cambiado en el camino a Damasco.

3. Saulo (Pablo) confió en Cristo y se entregó completamente a Él.
   a. Esta rendición total cambió el futuro de Pablo y afectó a todo el mundo.
   b. Pablo le invita a usted y a mí a esta clase de entrega a Cristo.
4. Todavía hay tiempo para que cese de resistirse a la voluntad de Dios para su vida.
   a. Hay tiempo para que abandone viejos hábitos que le esclavizan.
   b. Hay tiempo para rendir ese temperamento que está destruyendo su matrimonio.
   c. Hay tiempo para que se rinda al llamamiento de Dios para ganar almas, empezando hoy.

C. *Hay todavía tiempo para que vuelva el Salvador (Ap. 22:12)*
   1. "He aquí, yo vengo pronto".
   2. Cristo, quien murió y resucitó, vendrá de nuevo (Jn. 14:1-3; 1 Ts. 4:13-18).
      a. Vendrá para resucitar a los cristianos.
      b. Vendrá para arrebatar a los cristianos al cielo.
      c. Vendrá para recompensar a los que le han servido.
   3. La venida de Cristo sucederá inesperadamente, quizá hoy (1 Co. 15:51).

## III. Conclusión

A. *Reciba hoy a Cristo y esté seguro del cielo*
B. *Ríndase a Cristo hoy y haga que este sea su mejor año*
C. *Aproveche este momento para Cristo mientras tiene tiempo para hacerlo*

# LO QUE TODO PASTOR NECESITA

*Reto a la iglesia después de una ordenación*      *Efesios 4:11-12*

## I. Introducción

A. *La iglesia ha recibido grandes dones*

  1. Ha recibido la obra de fundamentación de apóstoles y profetas.

  2. Ha recibido la aportación de evangelistas, pastores y maestros en los ministerios locales.

B. *Los pastores son clave para la salud y desarrollo de la iglesia local*

  1. Hay muchas posibilidades en una relación sana y fuerte de iglesia y pastor.

  2. Los pastores y sus iglesias pueden transforman las comunidades para Cristo.

C. *¿Qué necesita un pastor para ser eficaz?*

## II. Cuerpo

A. *Un pastor necesita una iglesia que entienda la obra pastoral (2 Co. 2:16)*

  1. Algunos piensan que los pastores tienen una vida fácil, que trabajan solo unos pocos días a la semana.

  2. Pocos entienden las presiones del ministerio.

    a. Llevan las cargas de las almas.

    b. No es tan fácil mantener la unidad de la iglesia.

    c. Experimentan la fatiga que conlleva y sigue a la predicación.

    d. Son conscientes de la falta de tiempo para hacer todo lo que hay que hacer.

  3. Pablo: "No que seamos competentes por nosotros mismos" (2 Co. 3:5).

  4. Los pastores necesitan personas que los comprendan y los amen.

    a. Necesitan creyentes que sean leales y los defiendan contra los chismes.

    b. Necesitan personas que los animen cuando son criticados.

    c. Necesitan personas que sean pacificadoras dentro de la congregación.

B. *Una iglesia que ora es mayor que el pastor (Hch. 1:14)*

  1. Largas horas enfrentando dificultades pueden agotar las energías y apagar su visión.

      a. Un pastor puede terminar siendo consciente de los problemas en vez de consciente del poder divino.

      b. Un pastor puede terminar tan cansado que su vida de oración sufre.

      c. Un pastor puede desalentarse prestándole atención a los deprimentes.

   2. Piense en los creyentes que oraban en el Aposento Alto.

      a. Tanto los hombres como las mujeres estaban juntos orando.

      b. "Perseveraban unánimes"; no fue una reunión breve.

      c. Pentecostés demostró la eficacia de sus oraciones (Hch. 2).

   3. Pablo solicitó las oraciones de otros: "Hermanos, orad por nosotros" (2 Ts. 3:1).

   4. Cientos se reunían para orar antes de que Spurgeon predicara; lo mismo sucedía con J. Wilbur Chapman.

C. *Una iglesia que da testimonio gana más almas que el pastor (Hch. 8:4)*

   1. La iglesia naciente experimentó un crecimiento dinámico debido sobre todo a su testimonio.

      a. El diácono Felipe realizó evangelismo personal (Hch. 8:26-38).

      b. "Iban por todas partes anunciando el evangelio" (Hch. 8:4).

   2. Feliz es el pastor cuando los miembros de la iglesia ganan almas continuamente.

      a. Eso demuestra que los ha enseñado bien y les ha dado buen ejemplo.

      b. Ha perfeccionado a los santos para llevar a cabo la obra del ministerio.

      c. Ha realizado la obra de evangelista, dando pruebas de su ministerio (2 Ti. 4:5).

## III. Conclusión

A. *¿Es usted uno de los que critican al pastor o lo animan?*

B. *¿Cuán persistente es su oración por su pastor y su iglesia?*

C. *¿Es usted el ganador de almas que su pastor necesita que sea?*

# HONREN A SU PASTOR

*Sermón para la instalación de un nuevo pastor*     *1 Timoteo 5:17-18*

## I. Introducción

A. *Una iglesia y su pastor forman una combinación emocionante*
   1. Los oficiales de la iglesia están ordenados por Dios.
   2. Hay poder en una iglesia y su liderazgo.
      a. Puede transforman a los creyentes y a la comunidad.
      b. Cambian vidas y el mundo mediante el poder del evangelio.

B. *El pastor es una parte importante del plan divino*
   1. Un predicador de la Palabra ordenado por Dios es una posición única.
   2. Él es uno que apacienta la grey de Dios y los dirige a la evangelización.

C. *¿Cómo podemos honrar a este hombre y su ministerio?*

## II. Cuerpo

A. *Honren a su pastor orando por él*
   1. ¿Por qué necesita su pastor las oraciones?
      a. Está luchando contra enemigos sobrenaturales (Ef. 6).
      b. Es humano y sujeto a las tentaciones (1 Co. 10:13).
      c. Necesita sabiduría para aconsejar, dirigir y predicar (Stg. 1:5).
   2. Ore por su pastor cada día para que tenga sabiduría, discernimiento y poder.

B. *Honren a su pastor elogiándole*
   1. Los pastores necesitan ser animados; el enemigo trata de desalentarlos.
   2. Las buenas palabras elevan y revitalizan; ofrézcale algunas a su pastor a menudo (Pr. 12:25).
   3. Enfóquese en los puntos fuertes de su pastor y hable de ello con frecuencia (Fil. 4:8).

C. *Honren a su pastor protegiéndole*
   1. Su pastor estará bajo constante ataque.
      a. Sufrirá los ataques de los poderes infernales.
      b. Sufrirá los ataques de aquellos que nadie puede complacer.
      c. Sufrirá el ataque de los que se ofenden fácilmente.
   2. Proteja a su pastor apagando los fuegos en la congregación.
   3. Proteja a su pastor negándose a pasar a otros los chismes.

D. *Honren a su pastor colaborando con él*
   1. El ministerio puede ser una tarea muy solitaria.
      a. Las personas a menudo prometen más de lo que luego hacen.
      b. La mayor parte del trabajo en la iglesia lo hacen unos pocos fieles.
      c. Asegúrese de que usted es parte de esa minoría.
   2. Ofrézcase de voluntario para ayudar en la obra del ministerio: Enseñando, visitando, ganando almas.
      a. Usted y toda la iglesia se beneficiarán de esa clase de participación.
      b. Su pastor se sentirá animado al ver su disposición de colaborar.

E. *Honren a su pastor pagándole como corresponde*
   1. Paguen con "doble honor" a los que ministran fielmente en la palabra y la doctrina.
   2. "Digno es el obrero de su salario".
   3. Alivien la carga económica de su pastor pagándole como corresponde.

## III. Conclusión
   A. *Honrar al pastor bendecirá a su familia*
   B. *Honrar al pastor bendecirá a la iglesia*
   C. *Honrar al pastor traerá recompensas eternas*

# EL PREDICADOR QUE NO PODÍA DEJAR DE PREDICAR

*Jeremías 20:9*

## I. Introducción

A. *Jeremías era el profeta llorón*
1. Jeremías vivió en un tiempo de dificultades.
2. Dios le dio un mensaje difícil de proclamar.
3. Las pruebas de su pueblo hizo que Jeremías fuera un hombre de lágrimas.

B. *Hablar en el nombre de Dios le llevó a sufrir persecución*
1. Decir la verdad le costó al profeta su libertad.
2. Fue azotado por Pasur, el hijo del sumo sacerdote.
3. Al verse metido en la cárcel, Jeremías quería renunciar.

C. *¿Por qué no pudo renunciar este predicador desanimado?*

## II. Cuerpo

A. *Estaba seguro del llamamiento de Dios*
1. "Ni hablaré más en su nombre".
   a. Jeremías había estado hablando a las personas acerca de Dios.
   b. Había estado hablando con la autoridad de Dios.
2. Servir a Dios había sido la tarea de su vida (1:4).
3. Al principio Jeremías tuvo temor de predicar (1:5-6).
4. Dios confirmó el llamamiento de Jeremías al ministerio (1:7-9).
   a. "A todo lo que te envíe irás tú".
   b. "Y dirás todo lo que te mande".
5. ¿Cómo podía Jeremías renunciar cuando había siso llamado por Dios?

B. *Estaba saturado de la Palabra de Dios*
1. "Había en mi corazón como un fuego ardiente metido en mis huesos".
   a. Predicar era algo más que una ocupación para Jeremías.
   b. Su pasión en la vida era comunicar el mensaje de Dios a su pueblo.
2. Jeremías tenía su mente llena con la Palabra de Dios.
   a. Esto le mantuvo consciente del amor de Dios por el pueblo a pesar de sus pecados.
   b. Él había visto el poder de Dios transformando vidas.
3. Sus años de experiencia predicando le impedían ahora abandonar.
   a. Era como tratar de apagar un incendio devorador.

      b. Jeremías era un predicador con fuego en sus huesos.

    4. Las Escrituras le siguieron recordando a Jeremías su llamamiento.

      a. Tenía que hablarles a las personas de la seriedad del pecado.

      b. Tenía que hablarles de que el perdón de Dios estaba disponible para ellos.

C. *Estaba seguro de que su mensaje satisfaría las necesidades de su pueblo*

    1. La confianza de Jeremías en la Palabra de Dios creó un conflicto en su mente.

      a. Él sabía que el mensaje de Dios irritaría a algunos.

      b. Él sabía que las personas necesitan escuchar a pesar de su oposición.

    2. El dejar de predicar creó gran angustia en el profeta.

      a. Se hartó de luchar por guardar silencio.

      b. Al final se reanimó y volvió a predicar.

**III. Conclusión**

A. *¿Se siente usted cansado en su servicio a Dios?*

B. *¡No abandone! Las personas necesitan oír lo que usted tiene que decir*

# LAS PRIORIDADES DE UN PREDICADOR

*2 Timoteo 4:1-8*

## I. Introducción
   A. *Demuestre por complete su ministerio*
     1. Timoteo fue retado por un hombre que practicaba lo que predicaba.
     2. Pablo sacó el mejor provecho de su tiempo y talentos.
   B. *Existe el peligro de quedar abrumado por el ministerio*
     1. El cuidado de las almas, la enseñanza, el aconsejamiento y el discipulado pueden terminar siendo abrumadores.
     2. La visitación, el evangelismo, el estudio, la administración y la predicación pueden llegar a ser abrumadores.
     3. "Y para estas cosas, ¿quién es suficiente?" (2 Co. 2:16).
   C. *¿Qué prioridades se esperan ver en la vida de un predicador?*

## II. Cuerpo
   A. *Las personas deben tener prioridad por encima de los programas (Mt. 20:28)*
     1. El ministerio es una tarea centrada en las personas.
     2. Jesús nos dio ejemplo de ello.
       a. Él vino a servir, no a ser servido.
       b. Él siempre estuvo dispuesto a ministrar a personas en dificultades
     3. Vivimos en un tiempo de la historia de la iglesia centrado en programas.
       a. Hoy se desarrollan muchos planes y programas para atraer personas.
       b. El crecimiento por medio de trucos atrae a muchos ministros hoy.
     4. Servicio sin amor por las personas es solo empleo de tiempo (1 Co. 13).
       a. Si no hay amor toda la predicación, enseñanza y aconsejamiento es solo ruido.
       b. Lo que se necesita es amor centrado en las necesidades de las personas, no programas bien montados.
   B. *La predicación debe tener prioridad sobre la política (2 Timoteo 4:2)*
     1. "Que prediques la palabra" es un claro llamamiento a la primacía de la predicación del evangelio.
       a. Ningún abordamiento humano de los problemas se puede comparar con el evangelio

   b. El evangelio contiene el poder de Dios, lo que no
      sucede con ningún otro mensaje (Ro. 1:16).
2. Se suele caer en la tentación de buscar soluciones políti-
   cas a los problemas.
   a. Esto a menudo genera orgullo en el predicador debido
      a la atención pública.
   b. La prensa se impresiona con el predicador que lidera
      acciones políticas.
   c. No debemos preferir soluciones temporales sobre las
      soluciones eternas.
3. Predicar la Palabra requiere estudiar la Palabra
   (2 Ti. 2:15)
4. Predicar la Palabra requiere fe en el poder de la Palabra
   para cambiar vidas.
5. Predicar la Palabra edifica iglesias que producen cristianos maduros.
C. *La oración debe tener prioridad sobre la promoción*
   *(Hch. 4:31-33)*
   1. La naciente iglesia oró y proclamó la Palabra con
      audacia.
      a. Su oración y predicación poderosas transformó el
         mundo.
      b. Las comunidades necesitan iglesias que oran con
         poder.
   2. Las promociones demuestran lo que los métodos moder-
      nos pueden hacer.
   3. La oración demuestra lo que Dios puede hacer.
   4. Un pastor que ora producirá una iglesia que ora.
      a. Las reuniones de los concilios de iglesia y de diáconos
         se debieran convocar principalmente para orar.
      b. Reuniones especiales de la iglesia debieran convocarse
         sobre todo para orar.

III. **Conclusión**
   A. *Un pastor que demuestra la realidad de su ministerio tiene*
      *una influencia poderosa*
   B. *Los pastores que establecen sus prioridades correctamente*
      *terminarán bien (vv. 6-8)*

# DOBLE CIUDADANÍA

*Filipenses 3:20; Romanos 13:1-18*
*Hechos 4:19-20; 5:29*

## I. Introducción

A. *Todos los cristianos tienen una doble ciudadanía*
 1. Somos ciudadanos del cielo, peregrinando por esta tierra.
 2. Somos ciudadanos de esta tierra en nuestro camino al cielo

B. *Esta doble ciudadanía nos plantea tres preguntas*
 1. ¿Cuáles son nuestras responsabilidades como ciudadanos del cielo?
 2. ¿Cuáles son nuestras responsabilidades como ciudadanos de la tierra?
 3. ¿Cuáles son nuestras responsabilidades cuando estas dos no coinciden?

## II. Cuerpo

A. *¿Cuáles son nuestras responsabilidades como ciudadanos del cielo? (Fil. 3:20)*
 1. ¿Cómo nos convertimos en ciudadanos del cielo?
    a. Nos hacemos ciudadanos de la tierra mediante el nacimiento natural.
    b. Llegamos a ser ciudadanos del cielo por medio de la fe (1 P. 1:3).
 2. Representamos a nuestro Rey mientras vivimos en la tierra.
    a. Por medio de la fe en Jesús, Pablo se transformó en un hombre nuevo (2 Co. 5:17).
    b. Entonces se convirtió en un embajador de Cristo en este mundo (2 Co. 5:20).
    c. En esta posición. Invitó a otros a que se reconciliaran con Dios.
 3. Debemos vivir en la tierra en una manera que haga que otros glorifiquen a nuestro Rey.
    a. "Así alumbre vuestra luz delante de los hombres" (Mt. 5:16).
    b. Tenemos que vivir de forma irreprensible a fin de ser luces en este mundo de oscuridad (Fil. 2:15-16).
 4. Los ciudadanos del cielo debieran ser fácilmente identificados en la tierra por la manera en que viven.

B. *¿Cuáles son nuestras responsabilidades como ciudadanos de la tierra? (Ro. 13:1-8)*
   1. Los ciudadanos del cielo debieran ser ciudadanos modelos de la tierra.
   2. Tenemos que someternos a los líderes de la tierra.
      a. Debemos reconocer que el gobierno civil está instituido por Dios.
      b. Tenemos que honrar a los que hacen cumplir la ley y mantienen la paz.
   3. Tenemos que pagar nuestros impuestos (v. 6)
   4. Tenemos que mostrar respeto por los líderes (v. 7).
   5. Tenemos que también orar por los que tienen autoridad sobre nosotros (1 Ti. 2:1-3).
      a. "Rogativas, peticiones, oraciones y acciones de gracias" por los líderes.
      b. Nuestras oraciones por las autoridades pueden contribuir a una vida pacífica.
C. *¿Qué hacemos cuando estas responsabilidades chocan? (Hch. 4:19-20; 5:29)*
   1. Las autoridades terrenales a veces se oponen a la obra de Dios. ¿Qué entonces?
   2. El cojo a la puerta del templo fue sanado (Hch. 3:1-8).
      a. El hombre que había sido cojo ahora saltaba y alababa a Dios.
      b. Este milagro brindó la oportunidad de predicar el evangelio.
   3. Los líderes religiosos enojados exigieron que Pedro y Juan dejaran de predicar.
   4. Estos discípulos habían sido enviados a proclamar el amor de Dios.
      a. Explicaron que tenían la responsabilidad de contar lo que ellos sabían.
      b. Dijeron que debían obedecer a Dios antes que a los hombres (5:29).

## III. Conclusión
A. *¿Cómo está usted representando a Jesús como ciudadanos del cielo?*
B. *¿Le reconocen a usted como un buen ciudadano de la tierra?*
C. *¿Se compromete usted a obedecer a Dios sin importar el costo?*

# TRES CONSTANTES EN UN TIEMPO QUE CAMBIA

*Isaías 59:1-2*

## I. Introducción

A. *Vivimos en un mundo cambiante*
   1. Cada generación contempla cambios que hubieran asombrados a sus antepasados.
   2. Los descubrimientos científicos y tecnológicos han cambiado los estilos de vida.
   3. Incluso cambia el tiempo y la ubicación de los desastres naturales.

B. *Tres cosas son constantes; siempre permanecen igual*
   1. El poder de Dios para salvar permanece igual.
   2. La habilidad de Dios para oír y responder las oraciones permanece igual.
   3. La capacidad destructiva del pecado permanece igual.

C. *Examinemos estas verdades inmutables*

## II. Cuerpo

A. *El poder de Dios para salvar permanece siempre igual*
   1. "He aquí que no se ha acortado la mano de Jehová para salvar".
      a. Esta es una afirmación que ha permanecido verdadera a lo largo de las edades.
      b. Es una declaración que permanecerá cierta para siempre.
   2. Dios es capaz de salvarnos de los peligros físicos.
      a. Él abrió el Mar Rojo para salvar a Israel del ejército del faraón.
      b. Él libró a Daniel de la muerte en el foso de los leones.
   3. Dios tiene el poder para salvar al alma de la muerte.
      a. Salvó al religioso Nicodemo del legalismo muerto (Jn. 3:3-5, 16).
      b. Salvó al malhechor en la cruz y le garantizó el paraíso (Lc. 23:39-43).

B. *La habilidad de Dios para oír y responder las oraciones permanece igual*
   1. "Ni se ha agravado su oído para oír".
   2. Dios escuchó las oraciones de su pueblo mientras eran esclavos en Egipto (Éx. 3:7-8).
      a. Llamó a Moisés para liberarlos y decirles que había oído sus oraciones.

    b. Prometió llevarlos a una tierra buena que fluía leche y miel.

  3. En la Biblia vemos que Dios a dado grandes promesas y ha respondido a las oraciones.

    a. Le invitó a Jeremías a pedir grandes cosas y esperar respuestas (Jer. 33:3).

    b. Jesús invitó a los creyentes a que pidieran y recibieran (Mt. 7:7-8).

  4. La iglesia naciente oró y miles se entregaron a Cristo (Hch. 1:14; 4:31-33).

  5. George Müeller oró y cientos de huérfanos fueron alimentados y vestidos.

  6. Los cristianos saben que Dios responde a las oraciones cada día en sus vidas personales

  7. Las iglesias oran y demuestran que es verdadera la promesa de Dios de responder a las oraciones.

C. *La capacidad destructiva del pecado permanece igual*

  1. "Vuestras iniquidades han hecho división entre vosotros y vuestro Dios".

  2. El pecado en nuestra vida es lo que evita recibir respuesta a nuestras oraciones.

    a. "Si en mi corazón hubiese yo mirado a la iniquidad, el Señor no me habría escuchado" (Sal. 66:18).

    b. Elías oró con gran poder debido a la manera en que vivió (Stg. 5:17-18).

  3. La progresión del pecado es deseo, pecado y muerte (Stg. 1:15).

  4. No podemos escapar a las consecuencias del pecado (Nm. 32:33).

## III. Conclusión

  A. *Nuestra necesidad de salvación permanece igual*

  B. *El amor de Dios por los pecadores permanece igual*

  C. *El camino de salvación permanece igual*

# ¿QUÉ LE HACE A DIOS MARAVILLARSE?

*Isaías 59:16*

## I. Introducción

A. *Hay muchas cosas que nos hacen maravillarnos*
1. Nos asombramos ante las siete maravillas del mundo.
2. Nos maravillamos ante paisajes y sonidos que están más allá de nuestra comprensión.
3. Nos maravillamos ante un bebé recién nacido, una tormenta rugiente, la erupción de un volcán y un terremoto.

B. *Nos maravillamos de las grandes obras de Dios (Sal. 77:11-14)*
1. Al contemplar las maravillas de su gran creación.
2. Al contemplar las maravillas de su gran amor: La encarnación, la cruz y la resurrección.
3. Al contemplar las grandes maravillas de las profecías cumplidas: La esperanza del regreso de Cristo.

C. *¿Qué le hace a Dios maravillarse?*

## II. Cuerpo

A. *Dios debe estar maravillándose por la pasividad de su pueblo ante el pecado (vv. 2-14)*
1. Reflexione sobre las terribles condiciones morales y espirituales en el tiempo de Isaías.
   a. Era un tiempo de violencia e inmoralidad (vv. 2-3).
   b. Era un tiempo de injusticia y de tratos deshonestos (v. 4).
   c. Era un tiempo en el que el mal parecía triunfar sobre el bien (vv. 5-8).
2. ¿Le parece esto familiar y conocido? ¿Ve usted como el mal aumenta hoy?
3. La confusión reinaba entre las personas.
   a. "Gruñimos como osos todos nosotros, y gemimos... como palomas" (v. 11).
   b. No se escuchaba ninguna clase de clamor público en contra de estos pecados.
4. "Estos pecados de una nación traen juicio público cuando no son contenidos" (Matthew Henry).

B. *Dios debe estar maravillándose ante la persecución de su pueblo que defiende la verdad*
1. "Y el que se apartó del mal fue puesto en prisión" (v. 15).
   a. Los que se oponen al mal a menudo se ven a sí mismos en riesgo.

   b. Piense en las persecuciones de los profetas en el
      pasado.
2. Jesús es el ejemplo supremo de los que sufren por causa
   de la justicia.
      a. Su vida pura hizo que los legalistas de su tiempo se
         volvieran contra Él.
      b. Los que se jactaban de ser justos crucificaron al justo.
3. Pablo lo expresó con claridad en base de su propia
   experiencia.
      a. "Y también todos los que quieren vivir piadosamente
         en Cristo Jesús, padecerán persecución" (2 Ti. 3:12).
      b. Pablo había sufrido por servir al Señor
         (2 Co. 11:23-30).
C. *Dios debe estar maravillado por la falta de oración de su
   pueblo ante situaciones de pecado*
1. "Y vio que no había hombre, y se maravilló de que no
   hubiera quien se interpusiese" (v. 16)
2. Interceder por los que están en situaciones desesperadas
   ha sido una señal de los héroes de la fe.
      a. Abraham intercedió por Lot y por los pecadores en
         Sodoma (Gn. 18:21-25).
      b. Moisés intercedió por Israel cuando merecían juicio
         (Éx. 32:30-35).
      c. Jeremías intercedió con lágrimas por los pecados de su
         pueblo (Jer. 14).
3. Jesús intercedió por los que le crucificaban (Lc. 23:34).
4. La naciente iglesia intercedió por Pedro cuando estaba en
   la cárcel (Hch. 12).
5. Debemos seguir estos ejemplos y orar fervientemente por
   todos los líderes de iglesia.

## III.  Conclusión
A. *¿Dónde están los que hablarán en contra del pecado?*
B. *¿Dónde están los que van a hablar a favor de la verdad a
   toda costa?*
C. *¿Dónde están los intercesores que necesitamos para esta
   hora crucial?*

# ¿CUÁN GRANDE ES DIOS?

*Isaías 41:10; Mateo 17:20*
*Filipenses 4:19; Salmo 18:3*

## I. Introducción

A. *Todos nos enfrentamos a problemas que son más grandes que nosotros*
  1. Todos pasamos por situaciones que no pensamos que sucederían.
  2. Algunos pasan por dificultades que no creían que podrían hacerlo.

B. *¿A quién recurrimos cuando nos vemos abrumados por las dificultades?*
  1. ¿Cómo lidiamos con los temores que superan nuestro valor para luchar?
  2. ¿Cómo nos beneficiamos del poder de Dios cuando nuestra fe es pequeña?
  3. ¿Cómo pagamos facturas que son superiores a nuestros ingresos y ahorros?
  4. ¿Cómo conquistamos enemigos que son más fuertes que nosotros?

C. *Démosle paso al Dios Todopoderoso*

## II. Cuerpo

A. *Dios es más grandes que nuestros temores (Is. 41:10)*
  1. "No temas, porque yo estoy contigo".
  2. El temor es algo común en todos.
     a. El temor fue la primera evidencia de la caída (Gn. 3:10).
     b. Dios estaba presente antes de que el temor entrara en escena (Gn. 1:1).
     c. Dios estará todavía allí cuando hayan desaparecido todos los temores (Ap. 21:6).
  3. Dios garantiza que Él es mucho más que todos nuestros temores (porque yo estoy contigo).
     a. Piense en todos los "no temas" de la Biblia.
     b. Recuerde las personas de fe que conquistaron sus temores: Moisés, Josué, David, etc.
  4. La resurrección de Cristo declara que Él ha vencido a nuestro peor temor.

B. *Dios es mejor que nuestra fe (Mt. 17:20)*
  1. "Si tuviereis fe como un grano de mostaza".
  2. No es el tamaño de nuestra fe lo que importa sino la fortaleza de nuestro Señor.

      a. La fe que mueve los montes descansa en la omnipotencia de Dios.

      b. El manso Moisés levantó su vara y Dios separó las aguas del Mar Rojo.

    3. Marta, llorosa y asustada, vio a Lázaro salir de la tumba al llamamiento de Cristo (Jn. 11:43-44).

  C. *Dios es más rico que nuestras deudas (Fil. 4:19)*

    1. "Mi Dios, pues, suplirá todo lo que os falta".

      a. Suya es "toda bestia del bosque, y los millares de animales en los collados" (Sal. 50:10).

      b. Nuestro buen Padre celestial no tiene escasez de recursos.

    2. Nuestras deudas nunca son superiores a lo que Dios puede proveer.

    3. A veces al dar abrimos los recursos inagotables de Dios (Lc. 6:38).

  D. *Dios es más fuerte que nuestros enemigos (Sal. 18:3)*

    1. "Invocaré a Jehová… y seré salvo de mis enemigos".

    2. ¿Cómo planeaba el salmista encontrar protección de sus enemigos?

      a. Dijo que encontraría seguridad invocando al Señor.

      b. "Los refugios en las rocas son lugares seguros de protección" (C. H. Spurgeon).

    3. Los cristianos cuentan con la armadura de Dios para protegerse contra todos sus enemigos.

**III.  Conclusión**

  A. *La victoria del creyente está asegurada en el evangelio*

    1. Puesto que Cristo murió y resucitó, Él alcanzó la victoria suprema.

    2. Aquel que nos salvó es poderosos para guardarnos en todo el camino al cielo.

  B. *Dios es suficientemente grande como para satisfacer todas las necesidades de los que confían en Él*

# ÍNDICE DE TEXTOS BÍBLICOS